창의성
바로미터

이선영

박영story

감사의 글

　창의성 바로미터, 항상 마음에 두었던 창의성과 창의성 교육에 대한 이야기를 나름대로 쉽게 풀어서 정리해보기까지 많은 분들의 관심과 격려, 그리고 도움이 있었습니다. 책에 대한 기획과 교정 및 편집, 디자인과 홍보에 열과 성을 다해주신 박영스토리의 노현 대표님, 배근하 과장님, 이학영 디자이너님과 조정빈 대리님께 감사의 마음을 전합니다. 그 누구보다도 사랑하는 우리 가족과 서울대학교 제자들은 저에게 끊임없이 창의적인 자극과 호기심, 영감을 불어넣어줍니다. 덕분에 나이를 먹으면서 조금씩 예전에 느껴보지 못한 창의성을 체감하고 실행해봅니다. 정말로 그리고 많이 고맙습니다.

이 선 영

첫 번째 바로미터

이 책을 아래 사항들 중 <u>한 가지 이상</u> 충족하는 분들께 추천합니다.

1 창의성에 대해 알고 싶어서 처음으로 창의성과 창의성 교육에 대한 책을 찾아서 읽으려는 분

2 창의성에 대해 들어는 봤지만 잘 몰라서 창의성을 보다 체계적으로 알고 싶은 분

3 창의적인 자녀를 두고 있어서 속상하고 답답한 일이 많은 부모님

4 창의적인 학생을 보면서 안타깝고 걱정도 되고 힘들기도 하지만 어떻게 해야 할지 모르는 경우가 있었거나 지금도 있는 선생님

5 창의적인 직원을 애타게 찾고 있는 기업과 조직의 대표

6 창의적인 정책과 행정을 만들고 책임지는 행정가나 교육전문가

7 누가 뭐라 해도 스스로 창의적이라고 생각하는 분

8 예전에는 한번도 창의적이라고 생각하지 못했는데 나이를 먹을수록 '혹시 내가 창의적인가?'라는 생각을 하기 시작한 분(참고로 제 경우입니다)

9 본인의 창의성 때문에 이 세상으로부터 부당한 대우를 받고 있다고 생각하는 분

10 대한민국의 미래가 창의성에 있다고 굳게 믿고 있는 분

11 창의성은 잘 모르지만 어쨌든 창의성이 미래핵심역량이라서 지금이라도 창의성을 길러봐야겠다고 마음 먹으신 분

12 창의성을 왜 공부해야 하는지, 창의성이 왜 중요한지 도무지 이해할 수 없으신 분

13 미처 생각하지 못했는데 위의 12가지 사항들 중 한 가지 이상에 체크하신 분

두 번째 바로미터

이 책은 다음과 같은 흐름으로 진행됩니다. 한 달만에 창의성을 정복하고
싶은 분들께 다음과 같은 리듬으로 책을 읽어볼 것을 제안해봅니다!

창의성 이야기	창의성 측정과 진단 이야기	창의성 계발 이야기	창의적 환경 이야기
10일	4일	6일	4일
집중과 복습	집중과 복습	집중과 복습	집중과 복습

창의성 교육 이야기	목차를 포함한 책 전반 다시 보기
6일	1일
집중과 복습	마무리

창의성 정복,
창의성 바로미터 끝!!

차 례

III 창의성 계발 이야기: 창의성은 길러지는 것일까?

IV 창의적 환경 이야기: 창의성 계발에 우호적인 환경이 있을까?

창의성 바로미터:

머릿속에 쏙쏙 들어오는 창의성 해설을 통한 창의성 완전 정복

프롤로그

"우리는 창의성을 너무 모르지만 많이 알고 싶어한다."

작년 이맘 때에 처음으로 부모를 위한 영재교육 단행본인 "우리 아이도 영재로 키울 수 있다(출판사: 박영스토리)"를 출간하였다. 2019년 가을, 대학에서 처음으로 맞이한 안식년 첫 학기 때 기획했던 단행본이 발간된 것이다. 당시 영재교육 책과 함께 고려했던 것이 창의성 교육에 대한 것이었다. 여러 번 고심을 거듭한 끝에 영재교육 단행본을 먼저 출간하기로 하고 두 번째 것으로 기획했던 것이 바로 이 책, 창의성과 창의성 교육에 대한 이야기, "창의성 바로미터"이다.

미국 대학원 박사과정에 진학하면서 처음으로 창의성과 창의성 교육에 대해서 배웠다. 필자가 유학을 간 곳은 미국 남동부의 조지아대학교(The University of Georgia)였다. 에덴스(Athens)

에 있는 미국에서 가장 오래된 주립 대학교로 교육대학(College of Education)에 있는 교육심리학과에 4개의 세부 전공이 있었는데 그 중 하나가 영재교육과 창의성 교육 전공이다. 우리나라에서는 영재교육과 창의성 교육을 별개의 교육으로 생각하고 있는 것이 사실이다. 그러나 필자가 공부한 학문으로서의 영재교육과 창의성 교육은 개인의 잠재성을 발견하고 계발하는 데 궁극적인 목적을 두고 있는 재능계발교육의 한 가지이다. 그리고 최소한 필자는 그렇게 믿고 있다. 그럼에도 영재교육과 창의성 교육에서 다루고 있는 대상이나 대상의 특징, 그리고 영재성과 창의성의 본질적인 속성에서 이들 간 분명히 차별화되는 부분이 있기 때문에 필자도 영재교육과는 별개로 창의성 교육에 대한 이야기를 해왔다. 이 책은 바로 그러한 창의성과 창의성 교육에 대한 이야기이다.

창의성은 많은 사람들이 궁금해하고 관심 있어 하는 주제이기에 많은 이야기를 담을 수 있다. 그러나 이해하기 어렵고 복잡할 뿐만 아니라 정작 자신에게는 해당이 되지 않는 "나와는 거리가 먼 것"이라고 생각되는 부분이 많다. 뿐만 아니라 가정이나 학교에서보다 오히려 창의성을 강조하고 중요하게 생각해왔던 곳은 기업을 비롯한 조직이나 사회, 그리고 국가였다. 우리나라도 예외는 아니다. 교육뿐만 아니라 사회 전반과 국가 차원에서도 창의성은 여러모로 그것의 필요성과 중요성이 언급되고 있다. 가령, 창의인재양성은 교육을 넘어 사회와 국가적으로 달성해야 하는 핵심 과제가 되었다. 미래 사회를 이야기하면서 거의 항상 빠지지 않고 포함된 문구가 "창의인재육성"이었으니 창의성이 우리의 생존과 지속 가능한 성장을 위해서 얼마나 중요한 핵심 역량인지 짐작해볼 수 있다.

창의성 교육의 경우, 국가 차원에서 그것의 필요성이 지속적으로 제기되어 온 것이 사실이다. 필자의 기억으로도 미국 생활을 마치고 서울로 돌아온 2009년 가을 이래, 우리나라 교육의 중심 화두에서 창의성이 빠진 적이 없었던 것 같다. 아마도 그 이전에도 그랬을 것 같다. 2010년부터 교육현장에서 공식적으로 강조되어 온 창의·인성교육을 필두로 이후 교육의 중심 어젠다로 우뚝 선 융합교육, 그리고 이세돌 9단과 알파고의 대결로 초미의 관심사가 되어버린 인공지능(Artificial Intelligence: AI)에 기반한 교육에 이르기까지 우리나라 교육을 대변하는 제목들은 조금씩 달라졌지만 각각이 지향하는 목표는 동일했다. 바로 창의성이다. 창의성 계발이 우리 교육에서 풀어야 하는 당면 과제이자 궁극적인 목적이 되어버린 것이다. 그러나 창의성에 대한 이와 같은 관심과 호감과는 별도로 창의적인 사람에 대해서 우리는 양가감정을 가지고 있다. 보다 정확하게 꼬옥 집어서 말하자면, 창의성은 중요하고 창의성을 반드시 길러야 한다고 생각하지만 창의적인 사람들은 좋아하지는 않는다. 왜 그런 것일까? 창의성을 공부하고 연구하고 교육하는 필자에게 이 문제는 지속적인 고민거리이자 해결 과제임에 틀림없다.

이렇듯 창의성과 창의성 교육은 결코 쉽지 않은 주제이다. 쉽지는 않지만 모두들 필요하고, 중요하다고 아우성이니 이에 대해서 우리는 알아야 한다. 창의성 교육 전문가로 필자는 대학 현장에서 학생들을 가르치고 지도해왔으며, 교사를 비롯한 교육전문가와 행정가, 그리고 기업을 비롯한 다양한 조직에서 창의성 함양을 통한 이윤 극대화에 열과 성을 다하는 여러 전문가들을 만나왔다. 이들 모두 창의성에 대해서 궁금해하고 창의성 증진을 위해서 노력하는 사람들이다. 그러나 누구보다도 창의성에 관심을 가질 수밖에 없는 사람들은 부모와 교사, 그리고 크고 작은 조직을 이끌어 나가야 하는 사람들일 것이다. 특히 창의적인 자녀를 둔 부모의 애달프고 안쓰러운 이야기들은 필자로 하여금 이 책을 집필하게 한 주된 이유 중의 하나이기도 하다.

교육심리학자로 많은 부모들을 만나면서 아이들의 재능 계발과 교육에 대한 이야기를 해왔다. 그런데 창의성 강연에서 만난 부모들은 조금 특별했다. 왜냐하면 이들 중 대부분은 근심 가득한 얼굴로 "창의적이거나 혹은 창의적일 것 같은 우리 아이를 어떻게 하면 되느냐…?"며 필자로부터 위로와 조언을 구하고 싶어 하는 것 같았기 때문이다. 그럴 때마다 필자는 이렇게 말할 수밖에 없었다. "인내심을 갖고 기다려주세요. 믿음을 갖고 지켜봐 주셔야 해요. 언젠가는 아이 스스로가 자신의 잠재성을 만개할 때가 올꺼예요. 부모님이 기다려 주시지 않으면 누가 기다려 주겠어요…?" 필자가 생각해도 부모들에게 위안이 되지 않는 무심하기 짝이 없는 대답이다. 그럼에도 창의적인 자녀를 둔 부모는 그렇게 힘겹게 느껴지는 아이의 창의성이 아이에게 얼마나 소중한 재능인지, 얼마나 오랜 시간 동안 끊임없이 계발해야 하는지, 그리고 국가와 사회적으로도 얼마나 중요하고 가치로운 것인지 알아야만 한다. 그리고 아이의 창의성이 빛을 발휘하는 날까지 얼마나 많은 인고의 나날들을 함께 보내야 하는지도 말이다. 이 책을 통해서 이러한 사실들을 부모들이 조금이나마 더 많이 알게 되었으면 좋겠다.

2020년 11월부터, 창의성에 관심이 있고 창의적인 사람이 되고픈 많은 사람들에게 조금이나마 위안이 되고 도움이 되었으면 하는 마음을 담아 이 책을 쓰기 시작하였다. 이 책을 읽는 동안 부모와 교사가 창의적인 자녀를 키우고 학생을 교육할 때, 그리고 자녀와 학생의 창의적인 잠재성을 발견하고 성장시키려고 할 때, 왜 끝이 없어 보이는 인고의 시간을 함께 보내야 하는지 조금이나마 이해할 수 있는 시간이 되었으면 좋겠다. 조직을 이끄는 리더에게는 조직의 창의성 증진을 위해서 무엇이 중요하고 무엇을 고려해야 하는지에 대한 아이디어를 이 책이 제공해주기를 바란다. 소중하지만 마냥 달갑지만은 않은 창의성이라는 재능이 우리에게 여전히 "반드시 필요한 불편함"으로 다가올 수밖에 없는 이유도 이 책을 통해서 조금이나마 설명되었으면 한다.

"창의성이란 무엇이며 어떠한 관점에서 이해할 수 있는가?"로부터 시작하는 이 책의 창의성 이야기는 창의적인 사람들의 특징, 창의성 발견과 계발 및 교육 등을 주된 축으로 하여 창의성과 관련된 다양한 내용들을 포함하고 있다. 글을 쓰는 입장에서도 창의성은 결코 만만치 않은 주제이다. 그러나 알면 알수록 빠져드는 묘한 매력을 가지고 있는 것이 또한 창의성이다. 창의성을 공부하고 연구하고 교육하는 필자도 여전히 창의성이 정확히 무엇인지 잘 모르겠다. 그래서 창의성에 대해서 끊임없이 생각하고 고민하고 공부하면서 창의성이 가져다 주는 지적인 호기심과 자극에 매료되는 것 같다. 손에 잡힐 것 같지만 쉽게 그리고 결코 잡히지 않는 창의성, 이제부터 호기심과 인내심, 간절함과 기대감을 가지고 매력적인 창의성의 세계로 들어가보자.

창의성에 대한 이야기는 자연스럽게 "창의성이란 무엇인가?"처럼 개념에 대한 이해부터 시작해야 할 것 같다. 창의성을 한마디로 정의하는 것은 사실상 불가능하다. 그만큼 창의성은 다차원적인 속성을 가지고 있다. 그럼에도 많은 사람들이 일반적으로 수긍하면서 동의하고 있는 부분은 창의성이 새롭고 독창적으로 생각하고 문제를 해결하는 것과 관련이 있다는 것이다. 또 다른 한편에서는 창의성은 예술적인 아름다움과 감수성에 관한 것이며 나아가 예술 그 자체이니 창의성을 "이렇다 저렇다" 하는 식으로 정의하는 것은 적절하지 않다고 주장하는 사람들도 꽤나 된다. 창의성을 개념적으로 정리하기에 앞서 먼저 창의성과 혼용되고 있는 유사한 단어들인 창의, 창의력, 창조, 창신, 혁신, 그리고 발명의 의미를 잠시 살펴보기로 하자.

첫째, 창의(創意)라는 말의 사전적 의미를 살펴보기 위해서 국립국어원의 우리말샘과 표준국어대사전을 찾아보면, 창의는 "새로운 의견을 생각하여 냄 또는 그 의견"이며 한국어기초사전은 창의를 "지금까지 없던 새로운 것을 생각해 냄 또는 그런 생각"으로 정의하고 있다. 따라서 창의에는 뜻이나 의견을 뜻하는 '의(意)'자가 포함되어 있어 이전의 것과는 다른 의견이나 생각이 개념의 핵심이 됨을 알 수 있다. 창의에 힘을 뜻하는 력(力)을 합친 창의력은 우리말샘과 표준국어 대사전에 의하면, "새로운 것을 생각해내는 능력"이다. 한국어기초사전은 창의력을 "지금까지 없던 새로운 것을 생각해내는 능력"으로 정의한다. 참고로 해당 사전들은 창의성(創意性)을 "(지금까지 없던) 새로운 것을 생각해내는 특성"으로 정의하고 있다. 따라서 창의성과 창의력은 새로운 생각이라는 공통점을 가지고 있지만 전자가 창의를 개인 특성으로 간주하는 데 비해, 후자는 개인 역량(능력)으로 고려하고 있음을 짐작할 수 있다.

둘째, 창조(創造)는 두 가지로 정의된다. 하나는 전에 없던 것을 처음으로 만든다는 것이고 다른 하나는 종교적인 의미를 담아 신(神)이 우주 만물을 처음으로 만든다는 것을 뜻한다. 보다 구체적으로 살펴보면, 우리말샘에서는 다른 사전에는 명시되지 않은 "새로운 성과나 업적, 가치 따위를 이룩함"으로 창조를 정의하고 있다. 이는 이전에 창조경제라는 개념을 일반인들에게 설명했을 때 예시로 사용했던 사전적인 정의이기도 하다.

셋째, 창의성과 유사한 개념으로 창신(創新)이 있다. 창신은 국립국어원이 편찬하는 사전 3종인 우리말샘, 표준국어대사전, 한국어기초사전에는 나오지 않는 단어이다. 그러나 우리나라에는 법고창신(法古創新) 그리고 중국에는 대중창업(大众创业) 만중창신(萬衆創新)이라는 말이 있다. 법고창신은 조선후기의 실학자 연암 박지원이 "옛 것을 본받더라도 변화를 알아야 하며 새 것을 창조하더라도 옛 것에도 능해야 한다"고 말한 데에서 유래하였다. 박지원은 지나치게 옛 것에 매달리면 때문을 염려가 있고, 새로운 것을 창조하는 데에만 몰두하면 근거가 없어 위험할 수 있다고 경고하였다. 대중창업 만중창신은 많은 사람(백성)들이 창업하고 혁신을 추진한다는 뜻을 가지고 있다(홍성범, 2017 참조). 창신은 일반인들에게는 다소 낯설게 들릴 수 있지만 창조와 혁신의 두 가지 의미를 모두 포함하는 것으로 이해할 수 있다.

넷째, 창의성을 언급할 때 종종 함께 나타나는 단어가 혁신(革新)이다. 혁신은 "(오래된) 묵은 풍속, 관습, 조직, 방법 따위를 완전히 바꾸어서 새롭게 한다"로 정의할 수 있다(출

처: 우리말샘, 표준국어 대사전, 한국어기초사전). 혁신이라는 단어 자체에는 새로움이 포함되어 있지만 한편에서는 현재 시각에서 낡고 오래되어 쓸모 없다고 생각되는 것을 완전히 바꾸는 것을 함의하고 있다. 따라서 일반적으로 창의를 포함하는 다른 개념들에 비해 보다 더 전향적이고 파격적인 의미를 내포하고 있음을 알 수 있다.

마지막으로 발명(發明)은 우리에게 친숙한 단어로 창의성 과정이나 결과물 자체로 종종 언급된다. 우리말샘과 표준국어 대사전은 발명을 "아직까지 없던 기술이나 물건을 새로 생각하여 만들어 냄"으로 정의하고 있고, 한국어기초사전도 거의 유사하게 "지금까지 없던 새로운 기술이나 물건을 처음으로 생각하여 만들어 냄"으로 설명한다. 발명은 새로움과 만들어내는 행위를 모두 포함하며 기술과 물건이라는 결과물을 특정적으로 지칭하고 있다. 따라서 발명은 많은 경우, 기술, 공학, 컴퓨터 등의 분야에서 나오는 산출물을 지칭할 때 사용된다.

1. 창의성 이야기:

창의성, 창의성이란 도대체 무엇인가?

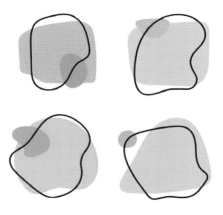

핵심어: 개인 창의성, 건축 창의성, 공학 창의성, 교실에서의 창의성, 기업 창의성, 예술 창의성, 융합, 작은 창의성, 집단 창의성, 창의적 결과물, 창의적 메타인지, 창의적인 과정, 창의적인 사람, 창의적인 수행, 창의적인 학생, 커다란 창의성

"창의성은 너무 어려운 것 같아요. 알고 있는 것 같으면서
모르는 것 같고, 모르는 것 같으면서도 알고 있는 것 같아요.
그럼에도 '창의성' 하면 머릿속에 떠오르는 무언가가 분명 있기는 해요."

1. 학자들은 창의성을 어떻게 이야기할까?

창의성을 개념화하는 것은 결코 쉬운 일이 아니다. 먼저 창의성을 연구하는 대표적인 학자들이 창의성을 어떻게 정의하고 있는지 살펴보기로 하자. 창의성 연구의 대부라고 일컬어지는 토렌스(E. Paul Torrance)에 의하면, 창의성은 불편함과 부조화, 불협화음을 인식하는 데에서 비롯되며 인식된 문제를 발견하고 해결하며 해결된 문제를 의사소통하는 능력을 총칭하는 과정이다. 토렌스의 정의에서 눈여겨볼만한 내용들이 있다. 첫째, 불편함과 부조화, 불협화음을 인식하는 데에서 비롯된다는 것인데, 여기에

서 생각해볼 점은 어떤 사람들이 불편함과 부조화 및 불협화음을 더 많이 그리고 자주 인식하느냐는 것이다. 현재의 삶이 너무 안정적이고 만족스러워서 좋고 행복한 사람이 남들이 느끼지 못하는 불편함을 느낄 수 있을까? 매사에 긍정적이고 낙천적이며 타인과의 조화와 평화를 누구보다도 갈구하는 사람이 인생사의 부조화와 불협화음을 가지고 잘 살 수 있을까? 아마도 그렇지 못할 것이라는 생각이 든다. 즉, 남들이 인식하지 못하는 작은 불편함을 해결하려는 것이 창의성의 본질 중의 하나라면 매사에 긍정적이고 안정적이며 행복한 사람보다는 부정적이고 불안정하며 작은 것에도 예민하게 반응하는 소위 '까다로운 사람'이 토렌스가 제기했던 문제에 대한 인식과 발견이 가능할 것이다.

둘째, 창의성을 문제에 대한 인식과 발견, 나아가 해결된 문제를 의사소통하는 능력의 전 과정으로 보았다는 점도 흥미롭다. 일반적으로 창의성을 창의적 문제해결능력으로 보는 경우가 많다. 혹자는 문제해결보다 문제를 발견하는 것이 창의성의 본질이라고 말하기도 한다. 그런데 의사소통능력까지 포함해서 창의성을 이야기하는 경우는 사실 많지 않다. 의사소통 능력을 포함하는 전 과정이 창의성과 관련이 있다고 본 토렌스의 의중은 무엇이었을까? 짐작하건대, 창의성이란 문제해결 자체로 끝나는 것이 아니라 해결된 문제를 타인과 조직, 사회 및 국가 차원에서 인정받아야 하고 이를 위해서 개인은 창의적인 결과물을 통해서 다른 사람들과 의사 소통할 수 있어야 한다는 것이다. 다시 말해서, 내가 아닌 남들도 나의 창의적 결과물을 독창적이면서 쓸모가 있는 것으로 생각해야 하고 그것의 가치를 인정해줘야 하기 때문에 내가 만들었거나 보여준 것의 창의적 가치를 제대로 알려야 한다는 것이다. 그만큼 나와는 다른 생각과 견해를 가지고 있는 타인의 마음을 움직이고 설득해서 나와 공감할 수 있게 하는 능력은 창의적인 결과물을 만들어내는 능력과 떼려야 뗄 수 없는 불가분의 관계라는 것이다. 토렌스가 1960년대에 창의성에서 공감과 설득의 필요성을 이미 인지하고 있었으니 창의성의 대부로 불릴만한 대학자라는 생각을 다시금 하게 된다.

창의성에 대한 정의 중 최근 학계에서 가장 많이 인용되고 있는 것은 플러커와 베가토(Plucker & Beghatto, 2004)의 정의이다. 이들은 창의성을 "무언가 독창적이고 새로운 것을 만들어내는 과정을 수반하는 것으로 사회문화적으로 가치(유용)있다고 인정받는 것과 관련이 있다"고 정의하였다. 되짚어서 생각해보면 수긍이 가는 내용이지만, 처음 이 정의를 접하는 사람들에게는 '당연한 내용들이 너무 많이 들어간 것이 아닌가?'라는 생각이 들 정도로 정의 속에 핵심 요인을 찾아내기가 쉽지 않아 보인다. 그런데 플러커와 베가토가 왜 이렇게 길고 모호하게 창의성을 정의했을까? 앞서 말했지만 창의성은 간단한 개념이 아니다. 창의적이기가 얼마나 어렵고 힘든 일인지 생각해보면 창의성을 간단 명료하게 정의하기란 거의 불가능해 보인다. 그러나 이들의 정의에서도 독창적이고 새로운, 그리고 가치 있고 유용한 등의 내용이 포함되어 있음을 알 수 있다. 많은 사람들은 "창의성이 독창적이고 새로운 것은 알겠는데, 가치 있고 유용한 것과 무슨 관계가 있냐?"고 반문한다. 그런데 여기에서 간과해서는 안되는 것이 "사회, 문화적으로 가치 있고 유용하다고 인정받는 것"인데, 이는 앞서 토렌스가 정의한 창의성의 내용 중 의사소통능력을 생각해보면 조금 더 쉽게 수긍이 갈 것이다. 창의성에서 가치 있고 쓸모 있고 유용한 것은 창의적인 개인 차원을 넘어 타인, 개인이 속한 조직과 사회 및 국가와 문화적 환경의 영향력 등과 관련이 있다. 따라서 창의성은 개인이 가지고 있는 특성이나 능력만이 아니라 개인이 속한 환경 안에서 그것의 진가를 인정받아 결정되는 것이다.

둘째, "독창적이고 새로운 것을 만들어내는 과정을 수반한다" 고 명시한 점도 눈여겨볼만하다. 향후 필자는 창의성에 대한 접근 방식으로 개인, 과정, 수행 및 결과물 중심으로 어떻게 창의성을 이해할 수 있을지 설명할 것이다. 그런데 이들 중 창의성을 과정 중심으로 이해하는 경우는 의외로 많지 않다. 왜냐하면 보여지는 것 없이는 개념을 설명하기가 쉽지 않기 때문이다. 창의성을 사람이나 대상, 그리고 이들이 보여주고 만들어내는 수행이나 결과물보다 이것에 이르는 과정으로 논하는 것은 어려운 일임에 틀림없다. 플러커와 베가토는 이처럼 창의적인 과정과 결과물 모두에 기반하여 창의성을 포괄적으로 정의하였다. 어찌 보면 꽤나 안전하게 창의성을 정의한 것 같다. 그럼에도 이들의 정의는 현재 창의성을 논하는 학자와 연구자들을 중심으로 가장 많이 인용되고 있는 개념적 정의라고 할 수 있다.

2. 창의성을 어떻게 이해할 것인가?

2-1. 첫 번째 방식: 창의적인 사람인가, 과정인가, 수행 또는 결과물인가?

창의성은 무엇일까? 창의성의 의미에 대해 많은 사람들이 사용하고 있는 비슷한 용어들을 중심으로 생각해보고, 이와 함께 학자들이 조금은 딱딱하게 정의 내린 개념적 의미를 되새겨보면 창의성에 대한 이해가 조금은 쉬워지지 않을까 생각한다. 분명하게 "창의성이 무엇이다"고 한마디로 정의 내릴 수는 없지만 그것의 본질적인 속성으로 공통적으로 드러나는 것은 무언가 새로운 것, 독창적인 것, 쓸모 있는 것, 도움을 주는 것, 기능을 하고 있는 것, 가치 있다고 인정받는 것과 관련이 있다. 이와 함께 사람과 대상, 과정과 결과물 그리고 빼어난 수행 및 행위까지 다양한 유형으로 창의성이 발현된다고 한다. 그렇다면 창의성을 보다 더 쉽게 이해할 수 있는 방법은 없을까? 그 중 한 가지 방법으로 세 가지 P(3Ps)를 기반으로 하는 창의성에서 대해서 살펴보자.

(1) 세 가지 P(사람, 과정, 수행 또는 결과물)로 창의성 설명하기

세 가지 p로 창의성을 설명해보자. 각각의 p는 사람(person), 과정(process), 수행(performance)이나 결과물(product)을 가리킨다. 이처럼 p를 바탕으로 창의성을 어떻게 설명할 수 있을까? 첫째, 사람을 중심으로 창의성을 설명하려면 창의적인 사람(개인)을 이해해야 한다. 창의적인 사람들은 누구인가? 창의적인 사람들의 특성은 무엇인가? 창의적인 사람들을 떠올리게 되면 창의성에 대해서 조금은 더 친숙하게 다가갈 수 있다. 먼저 역사적인 인물들을 떠올려보자. 과학자 에디슨, 아인슈타인과 호킹, 작곡가 모차르트와 베토벤, 화가 고흐와 피카소, IT분야의 잡스와 게이츠 등의 창의적인 사람들을 생각해볼 수 있다. 이들의 공통점은 우리가 살아가는데 많은 도움을 주는 것을 발명하고 만들었거나 우리에게 감동을 주고 마음을 움직이는 무언가를 강하게 보여주고 남겼다는 것이다. 이들이 가지고 있는 성격 특성은 어땠을까? 자세한 특성들을 언급하지 않더라도 왠지 모르게 쉽게 친해질 수 있는 다정다감하고 편안한 성격은 아니었을 것 같다. 일반적으로 창의적인 사람들은 호기심이 강하고 도전적이며 전통과 전형적인 것을 따르기보다 자신만의 색깔을 드러내며 자신이 흥미와 열정을 가지고 있는 일에 극도로 집중하고 몰입함으로써 남들이 쉽게 생각해내지 못하거나 하지 못했던 일들을 해낸다. 뿐만 아니라 순차적이기보다 직관적이면서 통합적으로 생각하고 통찰력이 뛰어나며 확산적(분산적)으로 사고하는 경향을 보인다.

창의적인 사람들에 대한 관심은 이들이 보여주고 만들어낸 수행과 결과물 때문이라고 할 수 있다. 가시적인 결과물 없이 특정 개인을 창의적인 사람으로 부를 수 있을까? 이런 이유로 창의적인 사람을 지칭하는 첫 번째 p는 이들의 수행이나 결과물을 가리키는 세 번째 p와도 밀접하게 연관되어 있다. 수행이나 결과물로 창의성을 설명하는 것에 대해 창의성을 지나치게 성취 중심적으로 이해하는 것이 아니냐며 비판적으로 문제를 제기할 수도 있을 것이다. 그러나 어찌 보면 수행과 결과물로 창의성을 이야기하는 것은 어느 정도 당연하거나 불가피한 일인지도 모른다. 보여지는 것 없이 개념을 논하는 것은 사실상 불가능하기 때문이다. 여기에서 간과해서는 안되는 것은 창의적인 수행과 결과물이 무엇이며 누가 이것을 창의적이라고 판단하고 결정하는지의 문제이다. 예를 들어, 누가 예술가가 만들어낸 작품을 창의적인 것으로 판단하는가? 누가 과학자가 발명하거나 발견한 것을 창의적인 것으로 인정하고 가치롭게 여기는가? 곰곰히 생각해보면, 창의적인 수행이나 결과물은 결국 이 시대를 살고 있는 사람들이 판단하고, 결정하고, 인정하고, 즐기고, 사용한다. 결국 "지금과 우리"가 그런 역할을 하고 있는 것이다.

　창의성을 특별한 사람들만이 가지고 있는 특성이나 능력으로 생각한다면 보여지는 업적이나 성취로 창의성을 논하는 것 자체가 불편해질 수 있다. 그러나 사람과 그 사람이 보여주는 것을 별개로 이야기하는 것은 사실상 어렵고 불가능하기 때문에 수행이나 결과물로 창의성을 이해하는 것은 그리 놀라운 일은 아니다. 첫 번째 p인 사람을 결과물과 함께 고려하여 창의성이 무엇인지 설명한다면 오히려 더 설득력이 있을 수 있다. 보여지고 인정받아야 하는 것이 창의성이라면 창의성은 흔히 말하는 독창적이고 기발한 것 이상의 것임에 틀림없다. 창의적인 결과물은 창의성에서 이야기하는 쓸모 있고 유용해야 한다는 것과 직접적으로 관련이 있다. 수행이나 결과물에 대한 판단은 독창적이고 새롭다는 것 외에도 우리에게 필요하고 도움이 되는 긍정적인 영향력을 가지고 있는지 여부가 중요한 기준이 된다. 창의적인 수행과 결과물은 그것을 실제로 보고, 듣고, 느끼고, 만지고, 사용하는 사람들에 의해서 얼마나 창의적인지 그것의 가치와 진가를 인정 받게 되는 것이다. 이 경우, 수행과 결과물이 공유되는 조직, 사회, 국가 및 문화적인 맥락이 중요하다. 왜냐하면 어떠한 시기(시대)에 어떠한 사람들이 판단하는지에 따라 창의성에 대한 평가가 달라지기 때문이다. 따라서 창의적인 사람(첫 번째 p)과 그 사람으로부터 나오는 결과물(세 번째 p)은 창의성을 설명할 때 뗄 수 없는 관계인 것처럼 보인다. 사람과 그 사람에 의해서 만들어진 결과물을 어떻게 별개의 것으로 다룰 수 있겠는가?

그러나 다른 한편에서는 보여지는 것만으로 창의성을 논할 수 없다고 주장한다. 창의성이란 특정한 사람이나 그 사람에 의해서 보여지고 만들어진 가시적인 결과물이 아닌 그것을 창작하는 데 관여하고 이를 가능하게 하는 과정 자체로 봐야 한다는 것이다. 두 번째 p인 과정에 기반하여 창의성을 이해하는 경우가 이에 해당한다. 창의성의 본질을 창의적인 수행과 결과물에 이르게 하는 과정으로 보는 경우, 그것을 어떻게 객관적이고 과학적으로 증명할 수 있느냐의 문제에 봉착하게 된다. 과정을 보여주는 것은 정말로 쉽지 않기 때문이다. 그럼에도 과정에 대한 명확한 이해없이 결과를 제대로 이야기할 수 있을까? 창의성이 과정에 관한 것이라면 과정 자체를 어떻게 설명할 수 있을까? 창의적인 과정을 단계별로 제안한 학자들의 주장을 간략하게 소개해보고자 한다.

(2) 창의성을 과정으로 설명한 학자들의 이야기

1920년대 중반 심리학자 월라스(Graham Wallas)는 창의성을 '준비(preparation), 부화(incubation), 조명(재현, illumination), 증명(verification)'의 네 단계로 나누어서 설명하였다. 1926년에 발표된 월라스의 4단계 모형은 오늘날까지 창의적인 과정을 설명하는 가장 중요한 모형 중의 하나로 언급된다. 단계 각각의 특성을 살펴보도록 하자.

첫 번째는 준비 단계이다. 이 단계에서는 결과물을 만들어내기 위해서 다각적으로 준비 활동을 시작한다. 다양한 자극에 노출되고 경험하는 것, 불편함을 느끼는 문제를 찾아내기 위해서 자료를 수집하고 공부하는 것, 향후 문제해결을 위해서 필요한 물리적, 인적, 재정적 및 행정적인 사항 등을 두루 살펴보고 구비하는 것 등이 준비 단계에서 이루어진다.

두 번째는 부화 단계로 이전 단계에서 준비한 것들이 개인의 의식과 무의식 사이에서 자유롭게 이동한다. 의식과 무의식 중에 떠다니는 사실, 정보, 지식, 생각, 느낌과 감정 등이 통제와 제약 없이 연결되고 이어 연결이 다시 풀리기도 하면서 연상작용을 반복적으로 지속하는 과정이 이 시기에 일어난다. 이완과 수축이 반복되는 느낌을 경험할 수 있기 때문에 준비 단계를 통해서 축적된 것들이 의식의 통제없이 연합되기도 하지만 이내 양립할 수 없는 별개의 것으로 관계성이 사라지기도 한다. 이와 같은 이유로 부화 단계가 본질적으로 의식적인 것인지, 아니면 무의식적인 것인지, 또는 반의식적인지에 대해서 학자와 연구자들의 의견은 분분하다. 그럼에도 조용히 산책하거나 휴식을 취할 때, 욕조 속 물 안에서 편히 쉴 때 긴장이 풀리면서 경험할 수 있는 모종의 안락감이 부화 단계의 특성을 일정 부분 설명할 수 있다. 부화 단계에서는 개인이 원하든 원하지 않든 개인의 의지와 상관없이 자유롭게 생각과 상상이 가능하기 때문에 대상과 대상, 개인과 대상, 개인과 개인 간의 연합이 어떤 방식으로든 가능하다. 그야말로 자유 연상(합)이 이루어지는 시기이다.

세 번째 단계인 조명은 많은 사람들이 창의성으로 생각하는 것과 가장 가깝다고 할 수 있다. 이 단계에서는 지식, 정보, 생각, 느낌과 감정 등이 개인의 의지와 무관하게 그리고 때로는 유관하게 관계를 맺으면서 의식적, 무의식적 또는 반의식적인 형태로 자유롭게 떠다니다가 어느 순간 개인으로 하여금 "아하, 바로 이거다!"라고 깨닫는 순간을 경험하게 한다. 아르키메데스(Archimedes)의 "유레카(Eureka)!"가 대표적인 예이다. 히에로 2세의 주문으로 장인이 만든 순금관의 진위 여부를 판단해야 했던 아르키메데스는 목욕탕에서 넘쳐나는 물을 보는 순간 "에우레카"를 외치며 뛰쳐나갔다. 이 일화에서 유행된 깨달음의 의미를 가진 유레카가 조명 단계를 가장 잘 설명해주는 단어로 종종 언급되고 있다. 아르키메데스의 깨달음의 순간은 신(神)의 계시를 받아서 갑자기 일어난 신기한 현상이었을까? 우리도 일상 생활에서 아르키메데스와 비슷한 유레카 경험을 가지고 있다. 생각이 도무지 나지 않아서 며칠 밤을 지샌 후 갑자기 밥을 먹는 순간, 샤워를 하는 도중, 운전을 하다가, 음악을 듣다가, 그리고 아무 생각없이 피워놓은 모닥불을 보다가 흔히들 말하는 "멍 때리는 순간"에 갑자기 생각이 나서 "맞아, 나는 천재야!" 하며 기쁨과 환희의 순간을 맞이한 경험들을 누구나 한번쯤은 가지고 있을 것이다. 시험을 보는 학생들의 경우, 시험 도중에 생각나지 않았던 답이 유레카처럼 떠오른다면 얼마나 좋을까? 이와 같이 "음, 알았어" 하는 깨달음의 순간은 창의적인 과정을 설명하는 단계 모형에 의하면, 첫 번째가 아닌 세 번째의 것으로 준비와 부화 단계 이후에 일어나는 것이다. 이것이 뜻하는 바는 무엇일까? 유레카는 갑자기 출현하는 기묘한 현상이 아닐 뿐만 아니라 천재라서 갑자기 나오는 답변도 아니며 신이 불쑥 주신 선물도 아닌 준비와 의식적, 무의식적 그리고 반의식적 경험과 훈련 및 배움의 결과로 축적된 것이 어느 순간, 적절한 때와 장소, 사람에게서 나오는 깨달음의 결과물이라는 것이다.

유레카는 직관이나 통찰과 비슷한 것으로도 이해된다. 직관과 통찰은 어디에서부터 비롯된 것일까? 실제로 많은 사람들이 궁금해하기도 하고 때로는 말로 정확히 설명할 수 없는 이해가 안되는 능력으로 이야기되는 것이 직관과 통찰이다. 사실 월라스처럼 순차적인 단계로 창의성을 설명하는 학자는 그리 많지 않다. 이런 이유로 월라스의 모형은 과정 중심으로 창의성을 설명할 때 가장 많이 인용되거나 참고가 되는 이론적 모형 중의 하나이다. 창의성에 대해서 궁금해하고 관심이 있는 사람들 중 다수는 직관과 통찰이 창의성의 핵심이자 본질이라고 생각한다. 이는 창의성에 대해 대체로 객관적인 증명이 안되고 말로 설명이 안되는 것, 인간의 능력이지만 인간의 능력이 아닌 신(神)으로부터 부여받은 신비스러운 기운이나 능력으로 간주했던 기존의 오래된 잘못된 믿음과 신념에서 비롯되었다고도 할 수 있다. 그러나 이와 같은 믿음과 신념의 근원은 직관이나 통찰처럼 유레카 경험 직전의 찰나적인 순간을 창의성 그 자체로 생각하는 것과 밀접하게 연관되어 있다. 정말로 창의성이나 창의적인 사고는 사전 준비 작업 없이 갑자기 어딘가에서 무의식적으로 나타나는 것일까? 형태심리학에서 통찰(력)을 설명하는 대표적인 예를 살펴보도록 하자.

여기서 잠깐! #2
통찰과 창의성

형태심리학(Gestalt Psychology)에서 통찰(洞察, insight)을 설명할 때 가장 많이 소개되는 예는 침팬지 실험이다. 독일의 심리학자 볼프강 쾰러(Wolfgang Köhler)가 카나리아제도 테네리페(Tenerife)섬의 한 유인원 연구소에서 근무할 때 침팬지들을 대상으로 문제해결능력에 대한 실험을 진행하면서 통찰 학습은 많은 사람들의 관심의 대상이 되었다. 심리학을 공부한 사람들에게는 꽤나 친숙한 쾰러의 침팬지 실험은 연구소에 있는 침팬지들 중 가장 똑똑한 침팬지 술탄(Sultan)을 우리 속에 가두어 넣고 우리 밖의 바나나를 끌어오도록 유인하는 것에서부터 시작되었다. 우리 안에는 2개의 대나무를 넣어두었는데, 술탄이 과연 이들 대나무를 사용하여 우리 밖의 바나나를 안으로 가지고 올 수 있는지가 중요한 관찰 사항이었다. 결과적

으로 술탄은 무수히 많은 실패 후에 우리 밖에 있는 대나무 2개를 합쳐서 바나나를 우리 안으로 가지고 왔다. 이어진 실험에서는 우리 안에 상자와 막대기를 넣고 손이 닿지 않은 높이의 천장에 바나나를 매달아 놓은 후 침팬지들이 바나나를 습득하는 방식을 관찰하였다. 침팬지들은 몇 번의 실패를 거듭한 후에 갑자기 상자 위에 또 다른 상자를 쌓거나 또는 상자 위에 올라가서 막대기를 사용하여 바나나를 획득했다. 쾰러의 침팬지 실험은 문제해결이 과거 행동주의 학습 이론에서 주장하는 것처럼 자극과 반응 간의 연합 형성을 기반으로 일어나는 것이 아니라 일명 깨달음의 "아하 순간"에서 문제 상황 전체에 대한 통찰이 갑자기 그리고 빠르게 일어나기 때문에 가능하다는 것을 보여주었다. 이와 같은 맥락에서 통찰은 부분의 합이 반드시 전체를 구성하는 것이 아니라 그 이상의 통합된 전체로 설명할 수 있음을 보여준다. 통찰을 통해서 창의성을 논할 때에도 마찬가지일 것이다.

월라스 모형의 마지막 단계는 증명이다. 이 단계에서는 이전의 준비, 부화, 조명 단계를 거쳐서 발현된 창의성, 보다 구체적으로는 창의적인 생각, 아이디어, 지식과 정보, 수행과 눈에 보이는 산출물을 과학적이면서도 객관적으로 실제로 증명하는 데 집중한다. 과학적이고 객관적이면서 실제로 증명 가능하다는 것은 무슨 뜻일까? 이는 개인이 생각하고 만들어낸 그래서 개인적으로 독창적이고 가치 있는 것으로 믿어 의심치 않는 것이라고 해도 증명의 단계에서 검증 과정을 통과하지 못하면 창의적인 것으로 그것의 진가를 인정받을 수 없음을 함의하고 있다. 뿐만 아니라 창의적인 것 또는 창의성이라는 것이 실체가 없는 것이 아니라 객관적이고 과학적이며 보편적인 방법으로 입증 가능한 것이어야 한다는 것을 의미하는 것이기도 하다. 우리가 흔히 생각하는 창의성은 증명해야 하는 것과는 거리가 멀게 느껴지는 것이 사실이다. 아마도 창의성을 신비스럽고 말로 설명할 수 없는 초인적인 속성의 것으로 믿고 있는 사람들에게는 더욱 그럴 것이다.

그러나 앞서 창의적인 수행이나 결과물에 대한 설명에서 반복적으로 강조되었던 것은 "창의적이다" 또는 "그렇지 않다"라는 판단의 근거가 궁극적으로 창의적인 수행과 결과물의 주체가 아닌 그것을 보고 쓰고 활용하는 사람들에 의해서 결정된다는 것이었다. 이는 창의성을 판단하고 결정하는 주체가 창의적인 개인만이 아니라 오히려 많은 경우, 타인과 사회이며 이 때문에 창의성이 사회적, 시대적, 문화적 산물이라는 점을 간과해서는 안된다는 것을 상기시켜주고 있다. 앞서 소개한 창의성의 대부 토렌스(E. Paul Torrance)의 창의성에 대한 정의에서는 "(창의적으로) 해결된 문제에 대한 의사소통능력"이 창의성의 주요 능력으로 포함되어 있었다. 여기에서 의사소통능력이란 타인과 사회와의 의사소통을 의미하는 것으로 개인이 자신의 창의적인 결과물을 타인과 사회에 창의적인 것으로 증명해보여야 한다는 것이다. 이는 창의성이 새롭고 독창적인 것 이상으로 타인과 사회를 설득할 수 있을 만큼 믿을 수 있고 과학적이며 그럴 듯해야만 한다는 것을 내포하고 있다. 따라서 월라스의 증명 단계는 창의성과 무관하거나 양립할 수 없는 속성의 것이 아니라 오래 전부터 창의성을 설명할 때 중요하게 고려되었던 행위(action)라고 말할 수 있다. 그렇다면 창의성은 과학적으로 설명 가능해야만 하는 것인가? 이는 여전히 어려운 문제이다.

2-2. 두 번째 방식: 그냥 창의성인가? 예술, 기업, 공학, 건축 창의성인가?

창의성을 이해하는 두 번째 방식은 다음과 같은 궁금증과 연관이 있다. "창의성을 창의성이라고 불러야 하나요? 아니면 과학 창의성이나 예술 창의성으로 부르는 것이 맞나요?” 지금까지 창의성에 대한 이야기를 하면서 필자는 창의성을 줄곧 “창의성”이라고 지칭하였다. 아마도 우리 독자들도 그랬을 것 같다.

일반적으로 우리는 창의성을 그저 창의성이라고 부른다. 이는 특정한 영역이나 분야를 가정하지 않은 경우이다. 이에 반해, 과학, 수학, IT, 기업이나 예술 창의성이라고 하면, 특정한 영역이나 분야에서의 창의성을 일컫는 것이다. 창의성의 이름 중 우리는 어디에 더 친숙할까? 대부분 우리는 창의성을 창의성으로 부른다. 창의력, 창신, 창조 등도 특정한 영역을 생각하지 않고 창의성을 지칭할 때 함께 사용하는 용어이다. 그런데 어느 순간부터 창의성 앞에 영역이 하나둘씩 붙기 시작했다. 특히 신문이나 인터넷 기사 등을 통해서 그리고 교육에 대한 이야기를 할 때면 창의성 앞에 으레 영역의 이름이 붙게 되는 것을 보게 되었다. 창의성이 그저 창의성인지 아니면 특정 영역을 포함하는 창의성인지에 대한 궁금증은 다음에서 소개하는 창의성을 이해하는 또 다른 방식인 영역일반성과 영역특수성에 기반한 창의성에 관한 이야기를 통해서 해소해보자.

(1) 영역을 가정하지 않는 창의성과 영역을 가정하는 창의성

영역과 상관없이 창의성을 이해하는 경우, 창의성은 그냥 창의
성이고 창의적인 사람 그냥 창의적인 사람이다. 조금 학문적으로
이야기하자면 창의성을 영역일반적인 관점에서 접근한 것이다.
이 때 창의성은 우리가 흔히 이해하고 있는 창의성에 관한 이야
기를 담고 있다. 예를 들어, 창의성은 새롭고 독창적인 것을 생
각하거나 만들어내는 것과 관련이 있다거나, 창의적으로 문제를
발견하고 해결한다거나, 창의적인 사람들의 특징은 호기심이 많
고 도전적이며 모험심이 강하고 전형적인 것을 따르지 않으며
남들이 하지 않는 새로운 것을 시도하고 에너지가 넘친다는 것
등이다. 창의성을 하나의 개념으로 총칭하며 영역과 상관없이 일
반적으로 논하는 것이 영역일반적인 창의성이다.

이에 반해, 영역을 가정하고 창의성을 이해하게 되면 창의성은
종류가 많아지게 된다. 과학 창의성, 수학 창의성, 예술 창의성,
공학 창의성, 기술 창의성, 기업 창의성 등 다양한 유형의 창의
성에 대한 이야기를 할 수 있다. 어디 이 뿐인가? 과학 안에서도
하위 과학 영역이 다수이고 예술 안에서도 우리는 음악, 미술,
무용 등을 떠올릴 수 있을 것이다. 공학과 기업도 마찬가지로 여
러 하위 영역을 고려할 수 있기에 특정한 영역과 그것의 하위 영

역에 기반한 창의성을 이야기하다 보면 창의성은 더욱더 복잡해지는 것 같다. 창의적인 사람도 마찬가지다. 얼마나 다양한 유형의 창의적인 사람들을 언급할 수 있겠는가? 이처럼 영역을 가정하고 이에 기반하여 창의성을 이해한다면 영역특수적인 관점에서 창의성을 바라보는 것이다. 영역특수적인 창의성이 가지고 있는 이질적인 특성들을 우리는 어떻게 모두 창의성으로 이해할 수 있고 이해해야 하는가? 창의성을 요구하는 대표적인 영역인 예술, 공학, 기업, 건축에서의 창의성을 통해서 영역특수적인 창의성을 하나씩 살펴보도록 하자.

(2) 예술에서의 창의성

예술은 창의성이고 창의성은 예술이다. 이와 같은 생각에 "절대 아니다"라고 적극적으로 반대 의견을 표명하는 사람들은 많지 않을 것이다. 사실 창의성을 이야기할 때 예술을 생각하지 않는다는 것은 불가능할 만큼 예술과 창의성은 일심동체(一心同體)로 여겨지곤 한다. 설령 일심동체까지는 아니라고 해도 둘이 뗄 수 없는 관계에 있다는 것은 분명한 것 같다. 그렇다면 예술과 창의성은 어떠한 관계가 있을까?

예술을 창의성과 거의 동일시하려는 경향은 아마도 예술가들, 특히 우리에게 너무나 잘 알려진 세계적인 예술가들의 모습을 떠올리는 것에서부터 시작된다. 우리가 사랑하는 예술가들을 한 번 떠올려보자. 클래식 음악과 미술을 좋아하는 필자는 자연스럽게 하이든, 모차르트, 베토벤, 브람스, 쇼팽, 슈만, 라흐마니노프, 고갱, 고흐, 르느와르, 세잔, 피카소 등을 생각해본다. 이들의 공통점은 일단 필자와는 국적이 다른 외국 사람들이고 이미 이 세상을 떠난 고인이라는 점, 그럼에도 불구하고 2022년 현재, 서울에서 살고 있는 필자를 비롯한 전 세계 곳곳에 있는 수많은 사람들에게 위대한 예술 작품들을 통해서 많은 위안과 감동과 환희와 기쁨을 주고 있다는 것이다. 이들이 뛰어남을 넘어 아주 탁월한 예술가이자 극도로 창의적인 사람이었다는 사실은 동시대에 살지 않았던 필자를 비롯한 수많은 사람들이 모두 공감하고 동의하는 바다. 따라서 예술가는 창의적인 사람이요, 예술은 창의성 자체라는 생각은 너무나 당연한 것처럼 여겨진다. 그렇다면 예술가들의 창의성이란 무엇이며 이들은 어떠한 특성을 가지고 있을까?

예술에서의 창의성은 독창성으로 이야기한다. 예술가, 구체적으로 예술가의 작품(예술품)이 얼마나 독창적인지 여부가 창의성을 대변한다고 해도 과언이 아니다. 이렇듯 예술가의 창의성은 독창성과 거의 동일한 의미로 해석되는데 예술가와 예술 작품의 독창성이란 무엇일까? 먼저 예술가라는 사람 관점으로 생각해보면 예술가가 얼마나 독창적인 성향을 가지고 있는지가 독창성과 연관이 있을 것이다. 독창성이란 "다른 것을 모방함이 없이 새로운 것을 처음으로 만들어 내거나 생각해 내는 것"(네이버 국어사전, 2021년 3월 23일)을 뜻한다. 따라서 예술가가 새로운 무언가를 생각해내거나 만들어내는 성향을 많이 가지고 있을 때 독창적인 예술가라고 할 수 있다. 그러나 사람이 아닌 그 사람이 만들어낸 결과물로 독창성을 이야기할 때면 예술가의 작품이 얼마나 독창적인지로 판단할 수밖에 없다. 따라서 이전 것들과는 다른 새로운 것을 생각해내서 만들어낸 것을 독창적인 작품이라고 볼 수 있다.

예술 작품에 대한 독창성을 논하게 되면 약간 복잡한 문제들이 생긴다. 첫 번째 문제로는 "예술가 자신이 독창적이어서 작품이 독창적인가?"라는 의문이 생기게 되고, 두 번째로 "예술 작품의 독창성을 누가 판단하는가?"에 관한 문제가 발생한다. 분명히 예술에서의 창의성은 새로움을 대변하는 독창성이 매우 중요하다. 그러나 이 경우, 독창성에 대한 기준과 평가의 문제는 분명 주관적일 수 있다. 가령, 예술 작품에 대한 평가는 주로 누가 하는가? 예술 평론가, 예술가의 동료 예술가, 박물관이나 갤러리 관장, 예술품을 팔고 사는 사람(예: 아트 딜러), 예술품에 관심이 있고 이를 좋아하는 사람 등 다양한 사람들이 작품을 즐기고 음미하면서 이것의 가치, 특히 독창성 차원에서 평가를 할 수 있다. 이처럼 잠재적인 평가자의 눈에 작품이 독창적인 것으로 인정받지 못하게 되면 예술가가 아무리 자신의 작품이 독창적이라고 주장한다 해도 결과물은 독창적인 것으로 받아들여지지 않는다. 이것이 바로 창의성이 가지고 있는 유용성(기능성)의 측면이기도 하다.

반 고흐는 서양미술 역사상 가장 위대한 화가, 나아가 인류 역사상 가장 뛰어난 창의적인 예술가 중 한 명으로 꼽힌다. 서양미술을 모르는 사람도 누구나 한번쯤은 그가 그린 그림을 진품여부와 상관없이 보았을 것이다. 특히 그가 세상을 떠나기 1년 전인 36세 때 그린 대표작 중의 대표작인 "별이 빛나는 밤"은 작품이 소개될 당시만 해도 미술계에서 반응이 좋지 않았다. 그러나 이 그림은 2020년 기준 한국인들이 가장 좋아하고, 많이 구매한 그림들 중의 하나이자(1위는 클림트의 '키스', 2위는 고흐의 '해바라기', 3위는 고흐의 '밤의 카페테라스', 9위 고흐의 '별이 빛나는 밤'), 2013년 기준 세계인이 가장 좋아하는 명화로 손꼽히는 걸작이다(출처: 한국인이 가장 좋아하는 명화는? 네이버 블로그 참조 https://blog.naver.com/PostView.nhn?isHttpsRedirect=true&blogId=heasungpak&logNo=222056172747). 별이 빛나는 밤은 1941년부터 뉴욕 현대미술관(The Museum of Modern Art: MoMA)에서 상설 작품으로 전시된 이래 전 세계 사람들에게 깊은 감동과 감탄을 선사하고 있다. 이렇게 세계적으로 사랑받는 걸작, 별이 빛나는 밤은 고흐가 세상을 떠나고 나서야 그것의 진가를 발휘하기 시작하였다. 비단 이 작품뿐만 아니라 고흐의 명작들 모두 사후에 위대한 작품들로 인정받고 있다. 렘브란트 이후 가장 위대하고, 후기 인상파 중에서도 가장 탁월한 미술가인 고흐, 그의 작품에서 유독 두드러지게 나타나는 힘찬 붓 놀림과 강렬한 색채, 다양한 형태의 선 등은 그를 서양 미술사에서 가장 창의적이고 뛰어난 화가이자 영향력 있는 인물, 그리고 대중들에게도 인기있는 예술가로 자리매김할 수 있게 했다(브리태니커 대백과사전, 영어 위키백과 참조). 그런데 한 가지 의문점이 있다. 이렇게 창의적이고 탁월한 화가가 왜 사후에 비로소 위대성을 인정받고 인기있는 예술가가 되었을까? 창의적이라는 것이 변하지 않는 개인의 특성이자 능력이며 창의성이 절대적인 것이라면 언제, 어디에서나 개인의 창의성은 생전에도 그리고 사후에도 동일하게 인정받아야 하는 것이 아닌가?

고흐의 창의성은 그가 살아있는 동안 작품을 통해서 구현되었음에도 불구하고 고흐 자신과 동생 테오 그리고 그의 천재성을 알아봤던 몇몇 사람들을 제외한 일반 대중들에게는 잘 알려지지 않았다. 고흐의 작품이 20세기에 갑자기 나온 것도 아닌데 왜 작품에 대한 평가가 달라진 것일까? 필자는 이를 창의성의 유용성 측면에서 이야기하고자 한다. 유용성이란 쓸모 있다는 뜻으로 기능성과 종종 혼용해서 사용된다. 일반적으로 유용성은 기업이나 공학에서 주로 사용하는 용어인 듯하지만 표현 방법이 다를 뿐 예술에서도 유용성이 창의성, 특히 예술의 독창성을 결정하는 데 중요한 역할을 한다. 왜냐하면 예술에서의 유용성은 예술 작품의 독창성이 정말로 독창적인지 아니면 아방가르드적인지(avant-garde) 결정할 수 있기 때문이다. 예술에서 '아방가르드'란 기존의 예술 작업과는 다른 실험적이고 급진적이며 비전형적인 것을 일컫는 것으로 이와 같은 작업을 하는 작가 자신을 지칭하기도 한다(위키백과 참조). 따라서 '아방가르드적 작품'은 기존의 관습이나 익숙한 관행에서 벗어나 예술가 자신이 추구하는 새로움을 내포하고 있기에 이미 사회에서 당연하게 받아들이는 것을 허물고자 하는 미적인 측면에서의 혁신과 낯설음, 그리고 이로 인한 거부감을 모두 가지고 있다(위키백과 참조).

예술에서의 독창성이 우리에게 좋은 의미의 놀라움과 감탄을 불러일으키는 새로움이 되느냐 아니면 거부감과 저항심을 야기하는 새로움이 되느냐 여부를 판단하는 잣대는 유용성이다. 결국 예술에서의 독창성도 절대적인 기준으로 판단되는 것이 아니라 예술가를 포함한 영역 전문가들의 생각과 판단, 그리고 일반 대중과 사회의 관심과 사랑으로 결정된다고 할 수 있다. 독창성은 사회에서 용인될 수 있는 새로움이 될 때 비로소 그것의 진가를 인정받고 빛을 발휘할 수 있다. 예술에서의 창의성 그 자체라고 믿어지는 독창성도 그에 대한 절대적인 기준이 없다는 것이 새삼 놀랍다. 고흐는 자신이 살았던 19세기가 아닌 21세기 지금 현재, 우리 사회가 인정하는 독창적이고 창의적인 천재 예술가임에 틀림 없다.

(3) 공학에서의 창의성

공학에서의 창의성은 예술에서의 창의성과 대척점에서 생각해 볼 수 있다. 독창성이 예술에서의 창의성의 본질이라고 하면, 공학에서의 창의성은 유용성을 빼놓고 이야기할 수 없다. 유용성이란 무엇인가? 다시 한번 정리해보면, 유용성이란 "원래의 의도대로 기능을 잘해서 쓸모 있는 것"을 뜻한다. 공학의 경우, 기능성과 효율성을 워낙 중요하게 생각하여 기능을 제대로 하지 못하고 효율적이지 못하면 결과물이 무용지물이 되어 이내 사라져버리고 만다. 그렇다면 공학에서의 창의성은 유용성 그 자체인가? 결론부터 말하자면, 유용성을 기본으로 하여 몇 가지 더 추가적으로 고려해야 하는 것들이 있다.

공학에서의 창의성은 결과물로 창의적인지 여부를 판단하고 결정한다. 물론 결과물을 만들어낸 사람이 창의적이라고 말할 수 있겠지만 창의적인지 여부는 확실히 눈에 보이는 산출물에 기반하여 이야기할 수밖에 없다. 이 경우, 어떠한 기준에 의해서 산출물의 창의성을 판단할 수 있을까? 필자가 가장 많이 인용하는 준거는 2005년 Cropley와 Cropley가 제안한 네 가지 요인들이다. Cropley와 Cropley는 공학에서의 창의적 산출물은 기능성(효율성), 독창성, 심미성, 일반화 가능성의 네 가지 요인을 충족해야 한다고 주장한다. 각각을 조금 더 구체적으로 살펴보면, 기능성(효율성)은 산출물이 원래 계획과 의도대로 얼마나 효율적으로 그것의 기능을 잘해내고 있는지에 관한 것이다. 가령, 산출물로 컴퓨터를 만들었는데 그것이 컴퓨터 본연의 기능을 얼마나 잘 해내고 있는지에 관한 것이 기능성(효율성)이다. 두 번째 요인은 독창성이다. 이는 기존에 있던 컴퓨터와 얼마나 다른지, 다시 말해서 깜짝 놀랄 정도로 새로운지에 관한 것이다. 창의성을 이야기할 때 항상 나오는 새로움에 해당한다. 세 번째 요인은 심미성, 조금 더 쉽게 말하자면 얼마나 아름다운지에 관한 것이다. 컴퓨터가 얼마나 아름다운지 어떻게 평가하느냐고 물어보는 사람들도 있을 것이다. 필자는 컴퓨터를 보면서 "참 예쁘다!"라며 감탄한 적이 있었다. 이에 대한 이야기는 조금 후에 다시 하려고 한다('이선영 교수의 첫 번째 창의성 이야기: 공학 창의성' 참조). 마지막 요인인 일반화 가능성은 보편적으로 적용할 수 있다는 뜻이다. 예를 들어, 컴퓨터가 한번만 생산되어 단종되지 않고 이전

모델을 바탕으로 다음 모델이 나오고 다시 그 다음 모델이 나오는 것처럼 이전 것을 응용하여 발전된 모습으로 재활용하는 것을 생각해보면 된다.

이처럼 공학에서의 창의성은 창의적 결과물이 이들 네 가지 요인들을 모두 만족해야만 그것의 진가를 인정받을 수 있다. 물론 가장 핵심적인 요인은 기능성이다. 예술 창의성이 독창성에 대한 가정없이 성립될 수 없는 것처럼 공학 창의성은 기능성이 보장되지 않으면 독창성, 심미성, 일반화 가능성의 의미가 퇴색된다. 필자가 생각하기에 공학 창의성의 완성체를 잘 보여준 제품들이 있다. 이를 잠시 소개해보고자 한다.

1 이선영 교수의 첫 번째 창의성 이야기
공학 창의성

필자는 2002년 7월에 미국 일리노이주(Illinois) 에반스톤(Evanston)에 있는 노스웨스턴대학교(Northwestern University)에서 박사후과정연구원을 시작하였다. 그 곳에 있는 교육대학(School of Education and Social Policy)의 재능계발센터(Center for Talent Development)에서 일을 하게 되면서 처음으로 매킨토시(Macintosh) 컴퓨터(이하 애플 컴퓨터)를 사용하게 되었다. 이전까지 PC를 사용했던 것과는 달리 학교에서 사용하는 컴퓨터가 애플 주식회사(Apple Inc., 이하 애플사) 제품이어서 몇 가지 기본적인 기능을 처음으로 배워야 했다. 다행히 PC와 많이 다르지 않아서 쉽게 적응하며 사용할 수 있었다. 그런데 애플 컴퓨터는 무엇보다도 바이러스에 매우 강하다는 강점이 있었다. 당시만 해도 컴퓨터에 바이러스가 침입하여 파일이 없어지고(속칭 "날라간다"고 많이 표현함) 시스템이 손상되는 일이 비일비재했기 때문에 컴퓨터 바이러스에 대한 강력한 대응력은 애플 컴퓨터의 최대 강점이었다. 정말로 애플 컴퓨터를 사용하면서 한번도 바이러스에 감염된 적이 없었다! 이와 함께 직업상 연구하고 글을 많이 써야 했기 때문에 자판은 필자에게 너무나 중요한 요인이었다. 이전에 사용했던 컴퓨터들에 비해서 필자가 연구실에서 사용하기 시작한 애플 컴퓨터 자판은 손에서 느껴지는 감각이 너무나 부드러워 생각이 나지 않아도, 그리고 자판을 두드릴 일이 없어도 필자에게 무언가를 타이핑할 수 있게 만드는 동기를 불러일으키는 것 같았다. 따라서 처음으로 사용했던 애플 컴퓨터는 필자가 컴퓨터에서 가장 중요하게 생각하는 막강한 바이러스 감염 대응력과 부드러운 자판의 기준을 100% 충족하면서 공학 창의성의 첫 번째 요인인 기능성(효율성)에 부합하였다.

두 번째 요인인 독창성의 경우, 애플 컴퓨터의 독창성에 대해서는 설명이 따로 필요 없을 정도로 잘 알려져 있다. 무엇보다도 애플사는 자사의 매킨토시에서 사용하는 운영 체제인 MacOS를 개발하여 판매하고 있을 뿐만 아니라 MacOS 안에서 구동되는 소프트웨어도 마찬가지로 자체적으로 개발하여 사용하고 있다. 이는 첫 번째 기능성 요인에서 필자가 언급한 바이러스에 강한 특성과도 연관이 있다. 애플사는 자사의 운용 체제를 개발 및 사용하며 사용자 계정 귀속을 조건으로 일반 소프트웨어도 개발, 사용 및 판매한다. 이처럼 끊임없는 새로운 도전이 애플사가 창의적 혁신 기업으로 기업 가치 2조 달러(2020년 8월 기준)에 이르는 세계 초일류 기업으로 성장하고 안착하는 주된 동력이 되었다는 데 의심의 여지가 없다.

세 번째 요인인 심미성은 아름다움에 관한 것이다. 노스웨스턴대학교에 가서 처음으로 사용하게 된 애플 컴퓨터는 솔직히 필자 눈에는 예쁘지 않았다. 이전에 보았던 회색이나 검은색의 네모난 컴퓨터가 아닌 파란색이 너무나도 튀는 듯했고, 사과 모양의 로고가 가운데에 딱 박혀 있었던 비정형적인 모습의 컴퓨터였기에 예쁘다기보다는 '이게 컴퓨터야? 무슨 컴퓨터가 이래?' 하는 생각을 하게 하였다. 그러나 그 다음에 구입한 필자의 애플 컴퓨터는 정말로 예뻤다. 바로 하얀색의 아이북(iBook)이었다. 하얀색 깨끗한 상자 안에 그야말로 고이 담겨져 있었던 아이북의 첫 모습이 아직도 생생히 기억난다. 컴퓨터라고 하면 떠올랐던 무직한 무채색의 기기가 아닌 순백의 고고한 자태를 드러낸 문명의 산물을 마주한 느낌이었다. 지금은 꽤나 보편적인 것이 되어버린 하얀 색상의 예쁜 컴퓨터는 2000년대 초반 필자가 처음으로 구입했을 때에만 해도 흰 눈을 연상하게 했던 정말 예쁜 제품이었다. 그저 예쁘기만 한 것이 아니었다. 처음부터 필자의 마음에 쏘옥 들었던 부드러운 자판은 더욱 부드러워진 듯해서 논문 쓰기와 매일 싸워야 했던 필자의 피로감과 스트레스를 풀어주는 듯했다. 예쁜 것은 비단 아이북만이 아니었다. 지금은 스마트폰으로 음악을 많이 듣고 있지만 이동하면서 간편하게 음악을 들을 수 있도록 해준 포터블 미디어 플레이어인 아이팟(iPod)도 참 예쁜 기기였다. 물론 2001년 처음 출시되었을 때에는 고가의 제품이라서 감히 살 엄두를 내지 못했다. 그러나 이후 선물로 받은 아이팟 미니(색상은 실버를 골랐다)를 아직까지도 귀하게 간직하고 있는 것을 보면 너무 깜찍하고 예쁜 기기를 그냥 내버려둘 수 없기 때문이 아닐까 싶다. 물론 커다란 감동을 주었던 아이북 역시 지금까지 고이 간직하고 있다. 필자에게 애플 제품은 아이북을 계기로 예쁘고 세련되고 매력이 있는 제품, 그리고 무엇보다도 디자인적으로 신뢰가 가고 기대가 되는 제품이 되어버렸다.

마지막으로 일반화 가능성은 언뜻 이해하기 힘들게 들리지만 많은 사람들이 지금도 생활 속에서 경험하고 있는 것이다. 매킨토시 파란색 컴퓨터로부터 시작된 필자의 애플사 제품 사용은 이후 아이북과 아이팟미니로 이어졌고 급기야 아이패드(iPad), 정확히는 아이패드2가 출시되었을 때 필자로 하여금 사전 주문하여 판매점에서 테이크 아웃하는 충성스러운 구매자가 되도록 만들어버렸다. 솔직히 필자는 IT 기기에 특별히 관심이 있다거나 기기를 잘 다루는 사람이 아니다. 신제품이 나올 때 일착으로 먼저 구입해서 써봐야 직성이 풀리는 사람도 절대 아니다. 아이패드의 경우, 2010년에 처음 출시되었을 때에는 "진짜 필요할까? 핸드폰이 있는데…"라며 반신반의하다가 구입하지 않았다. 그런데 태블릿PC의 편리성을 들고 보면서 아이패드2의 출시를 기다렸다. 처음 출시한 제품보다 무엇이든 좋아졌을 거라는 믿음과 기대감이 있었기에 사전 주문하여 신촌의 한 대리점에서 픽업했던 기억이 생생하다. 당시 대리점 점원은 내가 서울에서 두 번째로 제품을 가지게 된 사람이라고 하였는데 진짜 그런지는 솔직히 잘 모르겠다. 아이패드2 역시 기능성, 심미성, 독창성의 차원에서 필자의 요구와 기대를 만족시켜주었다. 책상이나 소파, 침대에서 편안하게 쓸 수 있는 태블릿PC라는 기기는 정말 감동이었다. 노트북보다도 가벼웠고 아침에 일어나자마자 침대 위에서 눈을 비비며 편안하게 이메일과 인터넷 기사를 찾아볼 수 있는 것만으로도 신통하기 그지 없었다. 업무상 출장을 갈 때에도 아이패드는 기능성과 이동 편리성 차원에서 최적의 조건을 갖춘 기기였다. 새롭고 유용하고 예쁜 아이패드를 2022년까지도 필자는 쓰고 있다. 지금은 아이패드 프로(iPad Pro) 12.9형을 쓰고 있는데 코로나 시대 온라인 교육을 위해서 사용하기 시작한 화상회의 소프트웨어 프로그램인 줌(Zoom)에 안성맞춤이다(물론 개인적인 생각이다). 이처럼 애플 제품에 대한 만족과 기대감은 기계와 그리 친하지 않은 필자에게도 일반 노트북(아이북과 맥북) 외에 아이팟미니와 아이패드를 사용하게 했다. 비록 줄을 서서 언제나 신제품을 기다리고 구매하는 정도까지는 아닐지라도 최소한 애플 제품에 대한 믿음과 기대감은 언제나 있는 것 같다. 이것이 바로 네 번째 요인은 일반화 가능성 또는 보편성이다. 일회성 구매자가 아닌 지속적으로 구매할 수 있는 충성 고객을 확보할 수 있는 제품을 만드는 것은 공학 창의성에서 매우 중요하다. 애플사의 경쟁사인 우리나라 삼성전자도 갤럭시 시리즈로 스마트폰 시장을 평정하고 있다. 갤럭시 S22가 가장 최근에 나온 제품일 정도로 삼성 스마트폰의 기술과 경쟁력, 인기와 대중성은 이미 전 세계적으로 인정받고 있다. 또 다른 일반화 가능성, 보편성의 예라고 할 수 있다.

공학에서의 창의적 산물은 기능성과 독창성 외에도 심미성과 일반화 가능성(보편성)의 네 가지 요인을 모두 충족시켜야 한다. 그리고 이들은 개별적으로 작용하는 것이 아니라 서로에게 밀접하게 영향을 미치고 있다. 공학에서의 창의성과 가장 비슷하다고 생각되는 기업에서의 창의성은 어떨까? 이들이 어떠한 면에서 차이가 있는지 살펴보는 것도 재미있을 것 같다.

2002년 필자가 처음으로 사용한 Apple 컴퓨터,
두 번째 사용한 Apple 컴퓨터, iBook,
세 번째 사용 중인 Apple 컴퓨터, MacBook Air

필자가 처음으로 사용한 iPad2

출처: Google

(4) 기업에서의 창의성

기업에서의 창의성에서 반드시 고려해야 하는 것은 기업에서 얻게 되는 보상, 바로 이윤이다. 공학에서의 창의성과 마찬가지로 기업에서의 창의성은 기능성(효율성)이 핵심 요인이다. 기업에서 생산한 산물이 원래 의도했던 대로 쓸모 있어야 하기에 기능성은 기업에서의 창의성을 정의하는데 매우 중요하다. 일반적으로 기업에서의 창의성은 단순히 기능성 차원을 넘어 혁신을 지향한다. 창의성이 기업으로 하여금 혁신적인 결과물을 만들게 하고 이것이 다시 기업의 이윤으로 되돌아가기에 기업에서 창의성, 혁신, 이윤은 상호 밀접하게 연관되어 있다. 기업의 궁극적인 목표가 혁신을 통한 이윤 창출과 이에 기반한 지속적인 성장과 번영이라는 데에 이견을 제시하는 사람들은 거의 없을 것이다. 그렇다면 기업의 창의성은 혁신과 이윤 획득을 위한 충분 조건이 되는 것일까? 이 경우, 기업의 창의성이란 구체적으로 무엇을 뜻하는가? 기업이라는 조직에서 일하는 사람들인가 아니면 기업 자체의 창의성인가?

우리는 일반적으로 기업에서 창의성을 유발하거나 조장하는 요인으로 창의적인 구성원들을 가장 먼저 떠올린다. 기업이라는 조직에서 일하는 구성원이 모두 창의적이어야 한다는 것이다. 조직의 구성원이 창의적이라는 것은 무슨 뜻일까? 이는 구성원 개인이 창의적인 성향이나 특성, 능력 등을 가지고 있어야 한다는 것인데, 기업들은 일반적으로 구성원을 선발하는 과정에서 이를 검증하고 확인하려고 한다. 이를 위해서 활용하는 것이 창의성 검사다.

일반적으로 창의성 검사에서 높은 점수를 받으면 창의적 성격 특성이 강하고, 창의적으로 사고하며 문제를 해결하는 능력이 뛰어난 것으로 생각할 수 있다. 이와 같은 이유로 기업은 창의성 검사를 실시하여 점수가 높은 사람들을 조직의 구성원으로 선발한다. 비단 창의성만의 문제는 아니다. 기업을 비롯한 여러 조직에서 많이 사용하고 있는 지능검사나 인·적성검사도 검사 점수로 개인의 성격, 성향 및 능력을 간단하게 진단하고 평가할 수 있기 때문에 검사를 통한 조직 구성원의 선발은 오랫동안 활용되어 온 가장 보편적이고 객관적이며 신뢰로운 방식임에 틀림없다. 이 때 중요한 것은 얼마나 타당하고 신뢰로운 검사도구를 사용하느냐는 것이다. 검사도구의 문제에 관해서는 여기에서 논의하지 않겠지만 창의성 검사가 개인의 창의성을 얼마나 제대로 그리고 효과적으로 측정 및 진단하는지에 대해서는 지속적으로 관심을 가져야 할 사안이다.

오늘날 기업들은 창의성의 중요성을 보다 깊이 인식하면서 창의성 검사와 면접 등을 통해서 조직에 적합하고 조직의 발전에 도움이 되는 창의적 인재 채용을 위해서 많은 노력을 기울인다. 최소한, 자격을 갖춘 사람을 뽑는 것이 조직의 창의성에 도움이 된다고 믿기 때문이다. 그러나 기업에서의 창의성은 해당 기업에 입사하는 개인의 창의적 성향과 특성 및 능력에 따라 결정되는 것일까? 관련해서 한 가지 연구를 간단히 소개하고자 한다.

기업에서 어떠한 요인들이 창의성과 혁신을 가져다 줄까? 이 문제에 대해서 한 연구(Sohn & Jung, 2010)에서는 세 가지 요인들을 가정해보았다. 첫 번째 요인은 조직 구성원들의 창의적인 능력, 두 번째 요인으로는 기업의 보상 체계(보너스 등의 인센티브 포함), 그리고 마지막으로 기업의 전반적인 작업 환경이었다. 첫 번째 것이 조직에서 일하는 사람들의 창의적인 개인 성향과 특성 및 능력에 관한 것이라면, 두 번째 것은 임금이나 인센티브, 상여금 등 재정적으로 개인의 업무 성과를 얼마나 지원하고 인정하느냐에 관한 것이다. 마지막 요인인 기업의 전반적인 작업 환경은 조직, 특히 기업의 소유주(오너)나 대표(CEO)가 얼마나 창의성을 우호적으로 인식하고 그것의 중요성을 독려하며 조직 전반을 창의적인 분위기로 이끄는지와 관련이 있다. 조직 전반의 분위기(예: 자율적, 수평적)와 물리적인 환경(예: 사무실 구조, 개방적인 공간)도 이에 해당된다. 기업의 CEO가 창의성을 얼마나 중요하게 생각하고 기업에서 추구해야 하는 우선적 가치로 여기는지, 구성원들이 얼마나 자유롭게 사고하고 의사 표현할 수 있으며 논쟁이 가능한지 등도 작업 환경을 구성하는 하위 요인들이다. 이렇게 세 가지 요인들이 기업의 창의성을 증진시키고 궁극적으로 혁신을 이끈다는 것이 연구의 기본 가정이었다. 결과는 어떻게 나왔을까? 결론부터 간단히 말하자면, 연구자들이 가정한 대로 모든 결과가 나온 것은 아니었다.

먼저 구성원 개인의 창의적 능력은 창의성을 직접적으로 유발하는 요인은 아니었다. 오히려 창의적 능력은 기업의 작업 환경과 관련이 있었고 기업의 창의성을 조장하는 것은 두 번째와 세 번째 요인인 보상 체계와 전반적인 작업 환경이었다. 그런데 이렇게 조장된 창의성은 곧바로 기업의 혁신으로 이어지지는 않았다. 혁신을 이끄는 것은 다름 아닌 기업의 전반적인 작업 환경이었다. 연구 결과를 종합해보면, 기업에서 가장 중요하게 여겨지는 혁신은 기업을 이끄는 리더가 얼마나 창의적이고 창의성을 중요하게 생각하고 지원하는지, 그리고 조직의 분위기가 얼마나 창의적이고 물리적 환경이 창의적인 사고와 행동을 존중하고 이에 우호적인지에 따라 이루어진다는 것이다. 이는 조직을 구성하는 개인의 창의적인 역량과 특성을 가장 중요하게 생각했던 기존의 생각들과는 다른 결과였다. 기업에서의 창의성과 혁신을 이끄는 요인들을 그동안 너무 안일하게 생각해왔던 것은 아닌지 뒤돌아보게 된다. 기업을 비롯한 조직을 이끄는 리더의 자질, 특히 창의성을 존중하고 이를 인정하는 리더와 조직 환경이 창의성 계발과 발현 및 혁신을 이끈다는 사실을 잊지 말자.

(5) 건축에서의 창의성

창의성을 설명할 수 있는 또 다른 영역으로 필자는 주저없이 건축을 꼽고 싶다. 건축은 예술과 공학이라는 두 가지 영역 특성을 모두 가지고 있으며 개인적으로는 2022년 현재, 지금의 창의성의 정수를 가장 잘 보여주는 영역이라고도 생각한다. 앞서 이야기한 것처럼 예술에서의 창의성은 독창성과 심미성이 그것의 본질이라면 공학은 기능성을 기본으로 하여 새로움과 아름다움, 보편성 등을 갖추고 있어야 한다. 그렇다면 건축은 어떠한가? 건축 영역에서의 창의적 산물인 건축물을 생각해보자. 건축물은 건축이라고도 불리지만 건축 영역과의 차별화를 위해서 필자는 결과물로서의 건축을 건축물로 지칭하고자 한다.

먼저 건축물이 이전의 것과는 다르게 새롭고 참신하며 독창적일 때 창의적인 것이라고 말할 수 있다. 하나의 건축물이 나오려면 디자인(설계)과 시공(건설)에 이르기까지 많은 작업이 소요된다. 중요한 것은 이러한 작업이 한 사람이 아닌 여러 사람들로부터 나온다는 것이다. 따라서 독창성과 심미성의 측면을 특정한 사람의 성향이나 능력으로만 단정 지을 수 없다. 그럼에도 건축물의 출발을 건축가 개인의 디자인으로부터 시작한다고 생각한다면 건축가의 창의적인 아이디어 생성 과정에서 창의성의 일부,

특히 독창성 부분을 찾을 수 있지 않을까 싶다. 이 경우, 건축가는 예술가와 비슷하다. 그러나 건축은 건축가로 하여금 예술가적 기질 외에도 공학자의 특성을 강하게 요구한다. 왜냐하면 건축가 본인이 구상하는 건축물이 기능적으로도 훌륭해야 하기 때문이다. 건축물이 그것이 본래 의도했던 기능을 제대로 하지 않는다면 쓸모가 있겠는가? 가령, 박물관이 박물관 본연의 기능을 제대로 하지 못한다면 아무리 독창적이고 매력적인 건축물의 모습으로 완공이 되었다고 해도 뛰어난 건축물이라고 할 수 없다. 따라서 건축물은 독창성과 기능성을 모두 균형 있게 가지고 있을 때 비로소 창의적인 건축물로 그것의 가치를 인정받을 수 있다. 그런데 여기에서 또 한 가지 간과해서는 안될 매우 중요한 것이 있다. 바로 건축물의 이용자와 주인 등을 포함한 사람이다.

건축물에는 이용자가 있다. 박물관의 경우, 박물관에서 일하는 사람, 박물관의 전시를 보러 오는 사람, 역사학자, 고생물학자, 동물학자 등의 전문가, 박물관 카페를 애용하는 사람 등 여러 사람들이 박물관을 이용한다. 미술관의 경우도 마찬가지다. 미술관에서 일하는 사람, 미술관 방문객, 예술가, 작품을 팔고 사려는 미술 전문가와 경매자 등 다양한 부류의 사람들이 미술관 이용자다. 건축에서의 창의성은 예술과 공학적 특성 외에도 이처럼 건축물을 이용하는 다양한 사람들에 대한 이해와 고려를 반드시 포함하고 있어야 한다. 왜냐하면 건축물을 궁극적으로 이용하는 사람들의 요구와 기대를 충족시키지 못한다면 제 아무리 새롭고 참신하고 의도와 계획에 부합되게 만들어진 훌륭한 건축물이라고 해도 그 기능을 제대로 할 수 없기 때문이다. 기업의 경우도 사용자(user, 유저)의 요구와 기대를 만족시키지 못하면 기업에서 만든 제품들은 시장에서 외면 받게 되고 종국에는 사라지게 된다. 사용자가 외면하는 건축물과 제품은 의미가 없는 것이다.

건축물의 이용자(사용자) 외에도 건축물 구축에 중요한 또 다른 사람, 어쩌면 초기 단계부터 가장 중요한 사람은 건축물을 건축가에게 의뢰하는 클라이언트(client, 고객), 바로 건축물의 주인이다. 건축가는 매력적인 모형 제작과 발표 자료 등을 통해서 자신의 창의적인 생각과 아이디어를 클라이언트가 납득할 수 있도록 해야 한다. 건축가의 창의성이 실제로 구현될 수 있는 것은 건축물을 의뢰한 클라이언트가 있기에 가능하며 건축가는 클라이언트의 요구와 기대를 만족시키면서 동시에 자신의 창의성을 관철시키기 위해서 많은 노력을 기울여야 한다. 이는 기업이 제품을 출시한 후 사용자로부터 공감과 지지를 받기 위해서 광고를 비롯한 홍보 및 판매에 열과 성을 다하는 것과 비슷한 경우이다. 건축에서의 결과물인 건축물은 클라이언트로부터 공감과 지지를 얻어내지 못하면 시작의 첫 단추조차 채울 수가 없다. 그만큼 건축가의 창의적인 역량과 더불어 클라이언트와의 관계가 건축에서의 창의성 발현에 결정적인 역할을 한다는 것이다. 따라서 사람에 대한 이해, 특히 사람의 마음을 움직일 수 있는 건축가의 자질이 건축에서의 창의성을 구현해내는 데 매우 중요하다.

2 이선영 교수의 두 번째 창의성 이야기
창의적 건축가

'시카고 보트 건축 투어' 중에 바라본 시카고 시내 건축물

필자가 건축이라는 영역에 관심을 가지게 된 것은 미국 유학 시절 다양한 건축물을 접하면서 부터였다. 박사 학위를 마

치고 일을 처음 시작한 곳이 미국 중부 일리노이주의 시카고 (Chicago)에서 북쪽으로 12마일(대략 19km) 떨어진 에반스톤(Evanston)에 있는 노스웨스턴대학교였기에 시카고 시내로의 여행, 정확히 도시 방문은 종종 있는 일상 중의 하나였다. 시카고는 필자가 너무나 사랑하는 도시 중의 하나이며 개인적으로는 미국내 고향이라고 부르는 곳이다. 시카고를 사랑할 수밖에 없는 여러 이유들이 있지만 그 중 하나가 빼어난 건축물 때문이다. 시카고 강가에서 보트를 타고 도심을 이루는 너무나도 아름다운 건축물들을 바라보면서 여행하는 "시카고 보트 건축 투어"는 시카고를 방문하거나 여행하는 사람들이 놓쳐서는 안 될 코스 중의 하나이다.

시카고 근처에 살았던 덕분에 갖게 된 건축에 대한 관심은 건축가들의 창의적인 아이디어 생성과 건축물에 대한 호기심으로 이어지게 되었다. 그리고 마침내 창의성 연구를 하면서 필연적으로 가질 수밖에 없는 창의성의 본질에 대한 의문을 건축과 건축가들이 일정 부분 제시해주었다. 필자가 수행한 창의적인 건축가들에 대한 연구를 잠시 소개하고자 한다(이선영, 김진우, 김정아, 2018; Lee & Lee, 2017).

"창의성이란 무엇인가?" 영역의 특성을 고려하여 창의성을 이해해야 하지 않을까 진지하게 생각하며 고민했을 때 떠올랐던 것이 건축과 건축가였다. 2015년 한국연구재단의 지원을 받아서 시작한 연구는 위 질문에 대한 해답을 구하는 과정 중에 시작되었다. 연구는 "건축가들의 창의적인 아이디어 생성"에 관한 것이었는데 구체적으로는 "무엇이 건축가들로 하여금 창의적으로 아이디어를 생각해내고 창의적인 건축물을 만들어낼 수 있게 하는가?"를 알아내기 위한 것이었다. 필자는 선배 건축학과 교수(정확히는 어린 시절 한 동네에 살았던 친구의 오빠였다)와 팀을 이루어 연구를 진행하였고 선배 교수 덕분에 정말 만나기 어려운 우리나라 최고의 건축가 10인을 직접 인터뷰할 수 있는 영광스러운 기회를 가질 수 있었다.

연구를 통해서 만난 건축가들은 우리나라를 넘어 세계적으로 인정받는 최고의 실력을 지닌 그야말로 성공한 건축가들이었다. 함께 한 선배 교수조차 이전에 개인적으로 거의 만나본 적이 없다고 할 정도였으니 이들은 정말로 유명한 건축가들이었다. 국내외로 인정받는 건축상을 수상한 분들로부터 서울을 비롯한 전국 각지에 산재되어 있는 작품들을 통해서 전문가와 대중들의 눈과 마음을 사로잡으며 많은 사람들이 자주 방문하는 성지가 되어버린 공간을 가지고 있는 분들이 필자의 연구에 참여한 것만으로도 신기하고 흥분되는 일이었다. 선배 건축학 교수가 적극적으로 섭외해주고 연구에 함께 참여했기에 가능한 일이다. 건축가 한 분 한 분 만나러 갈 때마다 "오늘은 또 어떠한 이야기를 들을 수 있을까?' 하며 설레던 기억이 있다. 인터뷰를 통해서 이렇게 유명하고 뛰어난 건축가들이 어떻게 전문가와 대중에게 모두 인정받는 창의적인 건축물을 만들어낼 수 있었는지 알고 싶었다. 그리고 이들로부터 다음과 같은 소중한 배움을 얻어냈다.

첫째, 건축가들의 창의적인 아이디어는 어린 시절부터 습관화된 문화 및 예술 경험에서부터 시작되었다. 필자가 기대했던 것처럼 이들은 예술을 사랑했고 미술, 음악, 전시, 공연 등 일명 문화 생활을 즐기는 사람들이었으며 일부는 예술과 문화를 사랑하는 집안에서 태어나고 자란 예술가 집안의 사람들이었다. 예술은 이들에게 생활이었고 따로 시간을 내서 즐기려고 노력했던 특별한 활동이 아니었다. 어린 시절 보았던 그림과 전시, 들었던 음악, 실제로 참여했던 연극 등은 성인이 되어 전문가가 된 지금까지도 건축가들의 생활 속의 한 부분으로 남아 있었고 작품 활동을 하는데 의식적 또는 무의식적으로 자극과 영감을 주는 촉매제가 되었다.

둘째, 창의적인 아이디어는 휴식과 혼자만의 시간을 필요로 한다. 건축가들은 치열하게 고민하는 시간을 보냈고 여전히 보내고 있었지만 여러 갈래로 마구 분출되어 나오는 생각들을 가다듬고 정리하는 시간도 필요했다. 이를 위해서 이들이 언급했던 것은 산책을 통한 사유, 혼자만의 여행, 예술 전시나 공연을 통한 나만의 시간, 창 밖의 나무와 같은 자연을 보면서 경험하는 여유와 치유, 그리고 휴식과 쉼 등이었다. 이들은 마치 "나를 그냥 내버려두세요"라고 외치며 자신만의 것을 찾아내기 위해서 누구에게도 방해 받지 않는 고요한 혼자만의 사색의 시간이 필요하다고 이야기하는 것 같았다. 인터뷰를 하면서 필자는 이를 "고독"이라는 단어로 정리하지 않았다. 왜냐하면 필자가 보기엔 이들은 고독한 예술가이기보다 복잡한 일상에서 혼자만의 시간을 갖고 싶어하고 이것을 또한 필요로 했던 바쁘고 성공한 건축가, 그리고 때로는 사업가와 같은 느낌도 조금은 있었기 때문이다. 아마도 다음에 다룰 긍정적인 태도와도 연관이 있을 것 같은데 이들은 누구보다도 자신의 창작 활동과 건축 자체를 즐길 수 있는 자신감과 여유를 가지고 있었다. 고독한 예술가의 이미지와는 사뭇 달랐다. 건축가들에게 '창의적인 아이디어의 유레카(Eureka) 순간이 나만의 시간으로부터 많이 나오지 않았을까?' 생각해보았다.

셋째, 우리 건축가들은 대학 이후의 교육과 건축 분야에서 일을 하면서 만났던 선배나 상사, 동료 건축인들로부터 창의적인 자극과 영감을 받았다고 한다. 교육심리학자의 입장에서는 조금 안타까운 일이지만 대학 입학 이전 교육의 도움을 받았다는 이야기는 거의 없었고, 간혹 대학 시절에 입문하게 된 건축(공)학과에서 처음으로 배우게 된 관련 지식과 기술이 창의적인 아이디어의 밑거름이 되었다고 회상한 건축가들은 있었다. 이들은 건축물을 구현하는데 건축관련 지식과 정보는 당연히 알아야 하는 것이라고 말하며 대학에서 배운 건축(공)학의 필요성을 강조하기도 하였다. 그러나 이들 역시 창의적인 아이디어를 생각해내고 이를 공간 위의 건축물로 구현해내는 데 실질적으로 도움이 되었던 것은 또 다른 전문 건축가들과의 만남과 이들을 통한 배움이었다고 말한다. 대학을 졸업하거나 대학 재학 중에 경험한 인턴십과 건축 회사에서의 실무 경험이 창의적인 건축물 작업에 실제적으로 도움이 되었다는 사실은 성인기 이전 학교 교육의 역할에 대해서 다시금 생각해보게 한다. 학교를 통한 공교육보다 일과 사람을 통한 직·간접적인 배움과 경험이 건축가들의 창의적 아이디어 생성과 건축물 구현에 중대한 영향을 미쳤다는 점은 건축이라는 영역과 창의성이라는 인간 고유의 특성과 능력이 만나 조합을 이룬 결과가 아닐지도 생각해보게 하였다.

넷째, 건축가들은 한결같이 규정과 제약의 필요성을 언급하였고 이것이 자신의 창의성 발현에 도움이 되었다고 하였다. 언뜻 들어보면 모순적인 이야기인 것 같다고 생각할 수 있다. 왜냐하면 창의성은 자유로운 영혼에서 비롯된다고 생각하기 쉽고 자유와 자율은 규정, 규율 및 제약과는 대치된다고 생각할 수 있기 때문이다. 그러나 건축가들은 건축이라는 영역과 건축물이라는 결과물의 속성상 법규와 규정에 따라 창의성을 발현하고 실현해내는 것이 필요하다는 데 (대부분) 동의하였다. 이들은 법규와 규정 등을 통해서 자신의 창의성을 일정 부분 현실적으로 조절할 수 있었다. 가령, 이전에 없었던 건축물을 완성하기 위해서 새롭고 도전적인 아이디어를 내고 이를 구현하고자 할 때 건축가는 당연히 건축에서 따라야 하는 법과 제도를 살펴보아야 한다. 몇몇 건축가들은 이와 같은 제약이 자신에게 허용되는 자유의 구획을 정해주는 역할을 한다고도 말하였다. 다시 말해서, 너무 지나쳐서 받아들일 수 없는 자유롭고 독창적인 생각들을 현실적으로 수용 가능한

범위로 가다듬을 수 있도록 경계를 제공해준다는 것이다. 따라서 건축에서의 제약은 창의적인 건축물을 구현하는 데 장애가 되는 것이 아니라 건축가들의 창의성이 현실적으로 발현되고 인정받을 수 있도록 도와주고 보호해주는 방파제와 같은 역할을 할 수 있다. 제약은 사회적으로 수용 가능한 생각의 범위와 수준을 가늠해주는 나침반과도 같기에 창의성에서 중요하게 생각하는 유용성의 기능을 하고 있다. 창의성은 독창성과 유용성의 두 가지를 균형 있게 가지고 있어야 한다. 건축가의 독창성이 제약을 통해서 사회적으로 유용한 것으로 정교화되고 받아들여지기 때문에 건축은 독창성을 중시하는 예술과 유용성으로 대표되는 공학의 속성을 모두 가지고 있는 것이다.

다섯째, 건축가들은 협업의 중요성을 강조하였다. 건축물을 완성하기 위해서 건축가들은 다수의 사람들과 협업해야 한다. 건축은 "건물이나 다른 구조물을 계획하고 설계하고 건설하는 과정과 그 결과물"을 총칭한다(위키백과, 2021년 4월 20일). 전통적으로 건축은 계획, 이론 및 건축사를 포함한 이론적 해석부터 디자인(설계), 구조(안정성), 시공(건설, 경제성), 환경(쾌적성) 등으로 분류된다. 따라서 건축가는 자신의 창의적인 아이디어를 최대한 담아낼 수 있는 결과물을 만들어내기 위해서 디자인(설계), 구조, 시공(건설), 환경 등의 작업에 참여하는 수많은 사람들과 함께 일해야 한다. 함께 일하는 사람들 중에는 동료나 선배 및 상사도 있고 후배나 제자도 있을 것이다. 건축물의 완공에 직·간접적으로 관련이 있는 다양한 직종에 종사하는 사람들과 함께 일하기 위해서 건축가는 이들과 끊임없이 상호작용하면서 자신의 아이디어가 건축물이라는 실체에 제대로 구현될 수 있도록 치열하게 설득하고 반대로 설득 당하기도 하는 노력을 기울여야만 한다. 그만큼 다수의 사람들과의 크고 작은 협업은 창의적인 건축물을 완성하는데 반드시 거쳐야 하는 과정이자 과제인 것이다. 따라서 제 아무리 창의적이고 뛰어난 건축가일지라도 다른 사람들과의 협업없이 홀로 자신만의 창의성을 발휘할 수 없다. 의심의 여지없이 10인의 건축가들도 창의적인 협업(력)자였던 것이다.

여섯째, 건축가들을 인터뷰하는 동안 필자는 정말로 즐거운 시간을 보냈다. 인터뷰를 하는 동안 내내 건축가들은 하나같이 모두 뛰어난 언변을 보여주었다. 인터뷰를 하게 되면 어느 순간 말문이 막히거나 잠깐 동안 정적이 흐르기 마련인데 우리 건축가들을 만나는 동안만큼은 이와 같은 멈춤의 순간이 없었다. 건축가들은 정말 말을 잘했다. 자신의 어린 시절부터 현재까지의 삶에 이르기까지, 좌절과 실패의 경험부터 기쁨과 뿌듯함의 순간들, 그리고 자신의 작품에 대한 설명과 타인과의 협업에 대한 이야기까지 질문을 던졌던 매 순간 질문 이상의 답변을 들려주었던 그야말로 재능이 넘치는 이야기꾼이었던 건축가들을 잊을 수가 없다. 필자를 비롯한 우리 연구팀이 저명한 건축가들의 창의성 이야기에 시간가는 줄 모르고 흥분했던 기억이 여전히 생생하다. '어떻게 저렇게 말씀들을 잘하실까?' 생각을 하던 차에 "건축가는 건축물을 의뢰한 클라이언트(고객)가 무엇을 원하고 기대하는지 잘 알아야 한다"고 했던 어느 건축가의 말이 떠올랐다. 정말 그렇다. 건축가는 자신의 아이디어와 생각을 클라이언트의 요구와 기대에 맞게 잘 설명하면서 이해시킬 수 있어야 한다. 건축가들은 클라이언트가 원하는 바를 제대로 알아야 하지만 동시에 자신이 생각하고 구상하고 있는 건축물을 구현해내기 위해서 자신의 생각이 자신만의 것이 아닌 클라이언트가 공감하고 동조하며 수용할 수 있도록 설득할 수 있어야 한다. 따라서 뛰어난 의사소통능력이 필요하다. 건축가 10인들은 모두 제각기 다양한 의사소통방식을 가지고 있었다. 현란한 파워포인트(일명 피피티, ppt) 자료와 유려한 말솜씨로 자신이 구상하는 건축물에 대해서 이야기하는 것은 물론이요, 그림과 사진, 모형 등 시각적인 자료들을 최대한 활용하여 클라이언트가 보다 더 쉽게 이해할 수 있도록 하는 것이 대표적인 예이다.

건축가의 상상력과 현실 감각이 효과적인 의사소통능력을 통해서 클라이언트에게 전달되어 이들의 마음을 움직일 수 있을 때 건축가는 자신이 구상한 창의적인 건축물을 구현할 수 있게 된다. 물론 의사소통 과정 중에 건축가와 클라이언트 간 갈등은 언제나 존재한다. 이것을 조절하고 해결하는 것도 의사소통능력이다. 앞서 기술한 협업도 뛰어난 의사소통능력을 당연히 필요로 한다. 나와 다른 여러 사람들과 함께 일할 때 경청하고 배려하고 공감하고 이해하고 설득하는 일들은 피할 수 없는 과정이자 반드시 필요한 기술이기도 하다. 창의적인 건축물이 가능한 것은 건축가 자신의 창의성도 주된 요인이 되겠지만 건축가의 의뢰인인 클라이언트가 있기에 가능함을 잊어서는 안될 것이다. 건축가들의 뛰어난 말솜씨와 함께 필자를 비롯한 연구팀의 눈높이에 맞춰서 전문적인 이야기조차 알아듣기 쉽게 풀어낸 효과적인 의사소통능력 덕분에 잊지 못할 인터뷰를 할 수 있었다. 이들은 정말로 잊지 못할 다재다능한 이야기꾼이었다.

마지막으로 10인의 건축가들은 무척이나 긍정적인 성격이었다. 솔직히 '이렇게 성공하고 인정을 받는 탁월한 건축가인데 자신의 삶과 일, 인생과 세상을 부정적으로 볼 이유가 있기나 할까?'라는 생각을 할 수도 있을 것이다. 필자도 마찬가지였다. 어떤 사람들은 긍정성을 천성이 낙천적인 것과 같은 것으로 생각하기도 하는데 이들의 긍정성은 낙천성과는 조금 다른 것 같다. 인터뷰를 하는 동안 이렇게 뛰어난 건축가들도 남들이 경험하는 비슷한 종류와 수준의 어려움을 가지고 있고 또한 이미 경험했음을 알게 되었다. 그럼에도 필자가 느낀 것은 이들이 어려운 상황 속에서도 자신이 믿고 추구하고 있는 건축에 대한 철학과 가치를 그대로 간직하고 있었고 건축가로서의 삶에 대해서 전반적으로 만족스러워하며 즐기고 있었다는 것이다. 이들은 건축과 건축가로서 자부심과 사명감을 가지고 있었고 부러울 만큼 즐겁고 행복한 삶을 살고 있었다. 이들의 성공이 물론 행복한 건축가로서의 삶에도 영향을 미쳤다고 생각할 수 있다. 그러나 우리는 성공한 사람들이 언제나 반드시 행복하지만은 않다는 사실을 잘 알고 있다. 필자가 만난 10인의 건축가들은 건축을 누구보다도 사랑했고 자신이 하는 일들을 좋아했으며 건축가로서의 삶에 누구보다도 행복해했다. 필자는 이를 긍정성이자 자신감, 나아가서는 회복 탄력성(리질리언스, resilience)이라고 부르고 싶다. 이들의 긍정성은 건축 영역과 건축가로서의 자신감에서 비롯된 것이 아닐까? 그리고 이와 같은 긍정성과 자신감은 어려움이 있을지라도 이것을 극복하고 다시 일어설 수 있는 회복 탄력성의 근간이 된 것이 아니었을까? 긍정성, 자신감, 회복 탄력성 중 무엇이 먼저이고 나중인지 선후 관계를 따지기는 힘들 것이다. 그러나 창의적인 건축가들이 외롭고 예민하고 불안하고 우울하고 불행한 사람들이 아닌 긍정적이고 자신감 있고 활기차고 행복한 사람들이어서 참 좋았다. 최소한 필자에게는 말이다.

건축가들에 대한 연구를 통해서 건축이 품고 있는 예술과 공학의 특성들, 그리고 인간과의 소통과 교류에 대해서 배우면서 지금의 창의성에 대해서 다시 한번 생각해보았다. 결론적으로 오늘날의 창의성은 혼자가 아닌 더불어서 하는 창의성이자 창의적인 개인뿐만 아니라 그 사람을 둘러싼 다양한 사람들과 조직의 요구와 기대가 한데 어우러질 때 비로소 구현되는 것임을 다시금 깨닫게 되었다. 창의적인 사람의 특성과 능력도 중요하지만 그 사람의 주변 사람들과 환경에 대한 이해도 똑같이 중요하다는 사실을 잊지 말아야 할 것이다.

(6) 과학과 예술의 만남: 융합 이야기

앞서 다룬 영역에 기반한 영역 특수적인 창의성을 살펴보면서 '영역에 따라서 창의성은 다른 것이구나'라는 생각을 하게 될 것이다. 그런데 재미있는 사실은 영역별로 창의성을 이야기할 때 다른 점들도 있지만 실제로 동일한 내용을 많이 다루고 있다는 것이다. 영역에서 사용하고 있는 용어가 다를 뿐이지 실질적으로 창의성을 이야기할 때 영역들 각각 독창성과 유용성의 두 가지 요인을 언제나 포함한다는 사실에 주목해야 한다. 차이점이라면 영역이나 분야에 따라서 어떠한 요인을 먼저 염두에 두느냐 하는 것인데 이는 무엇에 조금 더 가치를 부여하는지의 문제이기도 하다. 이 책을 읽고 있는 독자들 다수가 아마도 영역에 기반한 창의성보다 일반적인 창의성을 더 많이 생각해봤을 것이다. 그러나 지금은 그냥 창의성보다 수학, 과학, 예술, 기업, 공학 등에서의 창의성을 자주 논하는 것이 사실이며 이에 따라 영역을 가정하지 않은 창의성을 생각할 수 없게 되어 버렸다. 그렇다면 창의성을 설명할 때 영역들은 서로 양립할 수 없는 개별적이고 독립적인 것으로 이해해야 하는가?

영역별로 창의성을 논할 수도 있고 영역과 무관하게 일반적이고도 보편적인 관점에서 창의성을 논할 수도 있지만 서로 다른 영역끼리 만나서 시너지 효과를 내면서 창의성이 발현되는 경우가 있다. 이것이 바로 과학과 예술 간의 만남, 융합이다.

과학에서의 창의성은 현재 교육뿐만 아니라 사회 및 국가적으로도 매우 중요하게 다루어지는 대표적인 영역 기반 창의성이다. 조금은 구차하게 들릴지 모르겠지만(필자는 이렇게 표현하곤 한다) 미래 우리 사회 발전에 공헌할 수 있는 노벨 과학상 수상자를 배출하는 것을 국가적인 과업으로 고려하고 있는 지금, 과학 분야에서 창의적인 성과를 유도하고 창조해내려는 노력의 일환으로 창의성 증진을 위한 교육의 필요성이 지속적으로 제기되어 왔다. 이들 중 하나가 예술을 통한 창의성 함양이다. 예술 활동이 창의성을 촉발하고 향상시킬 것이라는 강한 믿음과 신념은 과학에서의 창의성 증진에도 예술(활동)이 필요하다는 생각을 하게 한다. 비단 과학만이 아니다. '음악과 미술, 연극과 영화 등 다양한 예술 활동과 경험이 새로운 생각을 불러일으키고 이전과는 다른 창의적인 행위를 유발시키며 혁신을 가져올 산물을 만들어내는 데 도움을 주지 않을까?' 하는 생각은 전혀 낯설지 않다. 이 때문에 예술은 과학뿐만 다른 영역에서도 창의성을 촉발시키는 것으로 여겨지는 것이 사실이다.

그러나 예술이 영역과 상관없이 창의성을 촉발시킨다는 보편적인 믿음과는 달리 예술이 과학을 만날 때 비로소 창의성 발현에 효과적이라는 연구가 있다. 더욱이 과학자와 예술가가 서로 비슷한 사람들이기 때문에 예술이 과학적 창의성을 유발한다는 흥미로운 결과가 보고되었다. 이를 조금 더 자세히 살펴보도록 하자.

　과학에서의 창의성이란 무엇일까? 쉬운 예로 많이들 언급하는 과학 영역에서의 노벨상 수상을 들 수 있다. 필자는 노벨상 수상으로 개인의 창의성을 인정하는 것에 대해서 마냥 편하게 생각하지는 않는다. 그러나 노벨상이 가지고 있는 상징적인 의미를 고려해본다면 노벨상이 남들과는 다른 무언가를 생각하고 만들어내고 우리 사회에 긍정적인 영향(희망하건대, 항상 긍정적이었으면 한다)을 미치는 수행과 성과의 결과라는 점에서 창의성의 발현 증거로 수긍이 가는 측면이 있다. 몇몇 연구들에 의하면, 노벨 과학상을 수상한 과학자들은 예술가적인 성향과 취미 생활을 가지고 있었다(Root-Bernstein et al., 2008). 가령, 1950년대부터 1980년대 노벨 과학상과 의학상 수상자들에 대한 연구에 의하면, 이들은 그림, 조각, 도자기, 사진 등 시각미술에 관련된 취미 생활을 하고 있었고 심지어 (아마추어 수준의) 시각 예술가들이었다. 과학자들은 자신의 전문성 영역인 과학에 대한 관심과 열정 그리고 과학에서의 뛰어난 업적뿐만 아니라 예술을 사랑하고 향유하며 예술 활동을 하는 예술가 그 자체였던 것이다. 이처럼 뛰어난 창의적인 과학자들은 예술, 특히 시각 예술을 왜 그토록 즐기고 사랑하고 잘하기도 했던 것일까?

　예술이 창의적인 상상력과 사고를 증진시키기 때문에 과학자들의 창의적 업적에 영향을 미쳤을 것이라는 가정은 그럴 듯하게 들린다. 그러나 이와 같은 가정은 예술이라는 영역의 특성을 지극히 단순하게 생각하고 그것의 영향력을 지나치게 일반화시키는 것이 아닐까? 이에 대해서 미국의 심리학자 로버트와 미셸 루트-번스타인 부부(R. Root-Bernstein & M. Root-Bernstein)는 과학자와 예술가들의 특성을 연구하고 난 다음 이들이 비슷한 방식으로 문제를 인식하고 생각하고 아이디어를 내고 해결한다는 재미있는 결과를 보고하였다. 일명, 과학자와 예술가가 공유하는 사고의 틀에 관한 것이다.

　1999년 출간한 책, "생각의 틀(원제 Sparks of Genius: The 13 thinking tools of the world's most creative people)"에서 루트-번스타인 부부는 과학자와 예술가들이 비슷하게 가지고 있는 생각하는 방식에 관한 내용을 다루었다. 부제에서 나타난 것처럼 이 책은 과학, 예술, 인문 등의 영역에서 세계적으로 창의성이 매우 뛰어난 사람으로 인정받는 천재들이 사용하는 13가지 사고의 틀(생각하는 방식)을 소개하고 있다. 인간은 생각을 하는 동물이지만 저자들은 생각을 잘하는 사람들이 따로 있다고 주장하면서 "창의적인 천재들은 어떻게 생각할까?"라는 질문에 대한 응답을 구하기 위해서 자서전과 위인전 등의 사례 분석과 경험 연구 등을 수행하고 결과를 분석했다. 책에서 제시한 13가지 생각하는 방식에는 관찰하기, 이미지화하기(예: 시각화, 청각화, 운동 감각화), 추상적으로 사고하기, 패턴 인식하기, 패턴 만들기, 유추하기, 몸으로 생각하기, 공감하기, 차원적(3차원 입체적)으로 생각하기, 모형으로 만들기, 놀이, 변형하기, 종합하기 등이 있다. 책에서 다룬 창의적 천재에는 우리에게 너무나 친숙한 갈릴레오 갈릴레이(Galileo Galilei), 아인슈타인(Albert Einstein), 프랜시스 베이컨(Francis Bacon), 알렉산더 플레밍(Alexander Fleming), 헬런 켈러(Helen Keller), 모차르트(Wolfgang A. Mozart), 피아제(Jean Piaget), 엘리어트(T.S. Eliot), 피카소(Pablo Picasso), 고흐(Vincent van Gogh), 조지아 오키프(Georgia O'Keeffe), 레오나르도 번스타인(Leonard Bernstein), 톰 행크스(Tom Hanks), 다니엘 데이 루이스(Daniel Day-Lewis) 등 위대한 과학자, 예술가, 문인, 철학자, 인문학자, 배우들이 모두 포함되어 있었다. 여기에서 특히 주목해야 할 점은 과학자와 예술가였다. 책에 등장하는 위대한 천재들 중 상당 수가 과학과 예술 분야 종사자였는데 이들의 공통점은 생각하는 방식이었다. 과학자가 예술에 대한 관심과 사랑으로 예술을 단순히 취미 생활로 즐기는 것이 아니라 근본적으로 예술가처럼 생각하기 때문에 예술을 좋아하고 즐기며 예술가와 같은 삶을 살았다는 것이다. 과학과 예술은 사뭇 다른 영역인 것 같지만 이들 분야에 종사하는 전문가들이 생각하는 방식부터 비슷하다는 연구 결과는 흥미롭고 놀랍다.

3 이선영 교수의 세 번째 창의성 이야기 루트 번스타인의 융합과 창의성

로버트 루트-번스타인

융합에 대한 우리 독자들의 이해를 도모하기 위해서 루트-번스타인 부부 중 남편인 로버트 루트-번스타인의 창의성에 대한 생각을 잠시 이야기해보고자 한다. 루트-번스타인은 시각 예술가와 과학자들에 대한 여러 연구들을 통해서 예술적 상상력과 혁신성이 과학에서의 창의성을 촉발시킨다는 점을 지속적으로 주장하였다. 관련 연구들에서 저자는 과학자들이 가지고 있는 예술가적인 성향과 특성 및 예술 활동을 통해서 과학자와 예술가 간 생각하는 방식의 유사성을 주장하였다. 여기에서 필자는 다음의 두 가지 사항을 다시 한번 짚어보고 싶다.

첫 번째는 융합에 관한 이야기이다. 창의성에 대한 관심은 융합에 대한 관심을 불러일으켰다. 불과 몇 년 전까지만 해도 융합교육은 교육계의 주된 화두였다. 융합교육에 대한 논의가 치열했던 당시 사람들은 융합이란 무엇인지 궁금해했다. 가령, 서로 다른 것을 한데 모아서 섞는 것이 융합인지, 아니면 유사한 속성의 것을 혼합하여 또 다른 비슷한 것을 만들어내는 것이 융합인지 등에 관해서 말이다. 다시금 그 뜻이 궁금해서 온라인 사전으로 찾아보니 융합은 "다른 종류의 것이 녹아서 서로 구별이 없게 하나로 합하여지거나 그렇게 만듦 또는 그런 일" 그리고 "둘 이상의 요소가 합쳐져서 하나의 통일된 감각을 일으키는 일"로 정의되고 있다(네이버 국어사전, 2021년 4월 26일 참고).

사전적인 의미를 살펴보았지만 여전히 이해가 되지 않아 필자 나름대로의 공식으로 다시 한번 정리해보고자 한다. 융합이란 A+B=C와 같은 공식을 따르는 것일까? 아니면 A+A′=A″와 같은 공식을 따르는 것일까? 이에 대해서 학자들이 끊임없이 논쟁을 거듭했던 것을 보고 들었던 기억이 있다. 그런데 루트-번스타인이 말하는 과학과 예술의 만남은 위의 두 가지 공식 중 무엇이 맞다거나 틀리다는 식의 논리보다 이들 영역이 만날 수밖에 없는 기저하는 이유에 대해서 설명하고 있다는 점에서 새롭고 의미가 있다. 루트-번스타인은 과학과 예술이 어떻게 만나느냐가 중요한 것이 아니라 만날 수밖에 없는 이유를 과학과 예술이라는 영역에서 요구하는 생각하는 방법이 서로 비슷하기 때문이라고 보았다. "생각의 틀"에서 제시한 13가지 방식은 창의적인 사람들이 일반인들이 통상 인식하지 못하는 문제를 발견하고 해결하는 데 사용하는 사고 전략이자 능력에 관한 것이다. 상상력을 자극하고 창의적인 발견과 수행 및 혁신을 이루기 위해서는 생각하는 방법부터 달라야 한다는 것이 루트-번스타인의 결론이었고 창의적인 과학자와 예술가, 특히 시각예술가는 이러한 면에서 비슷했다는 것이다. 따라서 과학자는 (시각)예술가였고 (시각)예술가는 과학자가 될 수밖에 없었다.

두 번째 주제는 창의성에 대한 생각이다. 창의성에 대한 여러 정의들이 있고 학자들 간에 대체적으로 공감하고 동의하는 창의성의 본질은 새로움(독창성)과 유용성(기능성)이다.

아마도 우리 독자들은 필자가 반복적으로 이야기하고 있는 이들 두 가지 요인들을 잊지 않고 기억하고 있을 것이다. 필자가 지금까지 "창의성은 무엇이다"라고 단언하거나 정의하지는 않았지만 눈치가 빠른 우리 독자들은 "창의성은 대략적으로 이것이다"라는 그림을 그리고 있지 않을지 생각한다. 그러나 루트-번스타인은 창의성을 이들 두 가지 요인보다 창의적인 결과물을 이끌어내는 과정으로 설명한다. 앞서 창의성을 과정 중심으로 이해하는 것이 필요하지만 보고 들을 수 없는 과정으로 창의성을 개념화하는 것이 어렵다는 사실을 이야기하였다. 그럼에도 불구하고 루트-번스타인은 창의적인 과정으로 창의성을 꽤나 그럴 듯하게 설명한다.

루트-번스타인이 말하는 창의성은 바로 영역의 경계를 넘나드는 능력이다. 조금 더 쉽게 말하자면, 창의적인 사람들은 자신이 관심이 있고 잘하고 열정적으로 몰입하는 자신만의 영역에서 독창적이고 쓸모 있게 생각하고 만들어내고 무언가를 보여주는 사람이 아니라 다수의 영역들을 넘나들면서 창의적으로 사고하고 만들어내고 행위로 보여줄 수 있다. 즉, 창의적인 사람은 융합적인 사고와 행동이 가능하다는 것이다. 이 경우, 융합적인 사고는 과학과 예술의 두 영역 모두에서 새롭고 유의미하게 생각할 수 있는 능력으로 생각해볼 수 있다. 과학과 예술 영역 모두에서 창의적 사고가 가능한 것은 루트-번스타인 부부가 책에서 주장한 것처럼 이들 영역에서 창의적인 전문가들이 비슷하게 생각하는 습관과 능력을 가지고 있기 때문이다. 이처럼 비슷하게 생각하는 방식을 요구하는 "복(다)수"의 영역에서 보통의 사람들과는 구별되는 뛰어남을 보여줄 수 있는 사람이 창의적인 사람이며 그렇기 때문에 창의적인 사람은 하나만 잘하는 것이 아니라 이것도 잘하고 저것도 잘할 수 있는 것이다.

천재 과학자 아인슈타인이 바이올린을 켜는 사진을 아마도 한번쯤은 본 적이 있을 것이다. 피아니스트였던 아인슈타인의 어머니는 자녀들이 음악을 이해하고 좋아할 수 있도록 어릴 때부터 피아노와 바이올린 등 악기를 접할 수 있게 하였다고 한다. 아인슈타인은 다섯 살

바이올린을 켜는 생전의
아인슈타인(1879-1955)

때 바이올린 레슨을 처음 시작했다. 어머니 폴린은 기악 연주가 훈련과 집중력 향상에 도움이 된다고 생각하였고 이에 학교에서의 주입식 강압 교육에 흥미를 느끼지 못하고 극도로 산만하여 주의 집중하는 데 어려움을 겪었던 어린 아들에게 바이올린을 배우게 하였다. 모차르트의 음악에 심취했던 아인슈타인은 음악을 사랑하는 과학자로 평생을 살았다. 음악이 그의 과학적 영감의 중요한 원천이 되었음은 널리 알려진 사실이다. 실제로 주변에서도 피아노, 바이올린, 첼로, 비올라 등을 연주하는 의사들을 꽤나 많이 본 것 같다. 이에 대해서 필자는 '의료관련 일들이 사람의 몸과 생명을 다루는 것이라서 업무상 스트레스를 많이 받아 음악으로 이를 해소하나 보다'라고 단순히 생각했었다. 예술이 개인적인 스트레스를 풀어주는데 상당한 역할을 한다고는 하지만 단지 그 이유만으로 예술을 찾아 즐기는 것은 아니다. 루트-번스타인에 의하면, 과학자들은 예술에도 재능을 가지고 있기 때문에 예술 활동을 즐기고 실제로 할 수 있다는 것이다.

루트-번스타인의 주장을 정리하면 창의적인 사람들은 다재다능하다. 과학자들은 자신의 위대함을 과학이라는 분야에서 가장 잘 보여주기 때문에 예술에서의 재능이 상대적으로 가려질 수 있다. 뿐만 아니라 창의적인 위대함은 두 개 이상의 영역에서 두드러지게 나타나기 힘들다. 물론 예술가인지 과학자인지 혼동이 될 정도로 두 영역, 아니 그 이상의 영역을 넘나들면서 천재성을 발휘한 미켈란젤로, 다빈치, 세종대왕도 있었지만 창의성은 지극히 많은 시간과 노력과 헌신을 필요로 하기 때문에 일반적으로 여러 가지를 모두 탁월하게 잘할 수 없는 것이 사실이다.

루트-번스타인을 비롯한 심리학자들의 연구에 의하면, 창의적인 과학자들은 최소한 과학과 예술을 자유로이 넘나들 수 있는

애플(Apple Inc.) 제품을 프레젠테이션 중인
생전의 스티브 잡스(1955-2011)

재주꾼들이다. 디자인, 특히 글자를 다루는 시각디자인의 한 분야로 표지 디자인에 많이 응용되는 캘리그래피(calligraphy)에도 일가견이 있었던 스티브 잡스도 과학과 예술 간 경계가 없던 사람이었다. 스티브 잡스의 경우, 과학 분

야 외에도 시를 비롯해서 다양한 분야의 책을 많이 읽기로 유명했고 음악을 많이 좋아했다고도 한다. 그는 그저 창의적인 사람이 아니라 영역을 넘나들 수 있었던 창의적인 천재가 아닐까 싶다. 한 가지를 탁월하게 잘하는 것도 힘든데 여러 가지를 동시에 잘하니 천재라고 할 수밖에 없을 것 같다. 그런데 이상하게도 여러 가지를 동시에 잘하는 사람들을 최근에는 많이 보지 못했다. 오늘날 우리 사회가 지극히 세부적이고 협소한 전문적인 지식과 기술을 지나치게 우대해서일까? 아니면 다재다능하다고 인정하는 기준 자체가 높아져서 그런 것일까? 어쨌든 창의적인 사람은 자신이 가지고 있는 다양한 관심사만큼 여러 영역들을 왔다갔다 할 수 있는 사람이라는 사실을 부인할 수 없다. 이 때 넘나들 수 있는 영역은 마음대로 정해지는 것이 아니라 루트-번스타인의 주장처럼 비슷한 유형의 사고를 요구하는 융합이 가능한 영역들이 아닐까?

여기서 잠깐! #3
기업과 공학에서의 창의적 문제해결: Creative Problem Solving (CPS)

앞서 기업과 공학에서의 창의성에 대해서 살펴보았다. 예술이나 문학과 비교해서 유용성(기능성)이 우선적으로 확보된 후에 독창성을 이야기할 수 있다는 점에서 기업과 공학에서의 창의성은 기능적인 측면을 먼저 고려할 수밖에 없다. 이 경우, 창의성이 더욱 빛을 발휘하는 부분은 바로 문제해결, 다시 말해서 창의적으로 문제를 해결하는 것이다. 창의적 문제해결 또는 문제해결능력(Creative Problem Solving: CPS)은 창의성 교육에서 거의 고유 명사화되어버린 용어이다. 말 그대로 창의적으로 문제를 해결하는 능력이라는 뜻인데 기업이나 공학의 경우, 문제를 창의적으로 해결하는 것을 중요하게 생각할 수밖에 없다. 창의적인 문제해결이야말로 기업의 혁신과 이윤 추구를 가능하게 한다고 믿어지기에 이들 영역에서의 창의성은 문제해결을 위해서 반드시 필요한 핵심적인 역량으로 간주되고 있다. 따라서 예술과 문학에서 문제를 새롭게 발견하는 것을 창의적인 사람의 주된 특성이라고 한다면, 기업과 공학에서는 직면한 문제를 새롭게 해결하는 사람을 창의적이라고 인정한다. 그렇다면 CPS란 무엇이며 어떠한 활동들을 포함하고 있는지 구체적으로 살펴보도록 하자.

창의적 문제해결능력(이하 CPS)은 Treffinger와 동료들에 의해서 많이 활용되고 알려진 대표적인 창의성 전략이다(Treffinger et al., 2003, 2006). 그러나 이것의 시작은 1950~1960년대 오스본(A. F. Osborn)과 판스(S. Parnes)가 제안한 창의적 문제해결과정(The Osborn—Parnes model of creative problem solving process) 모형에 기반하고 있다. 많은 사람들이 잘 알고 있는 브레인스토밍(brainstorming) 기법의 창시자인 오스본이 1953년에 제안하여 이후 동료 학자 판스에 의해서 정교화된 CPS는 "모든 사람들은 창의적이며, 창의적인 기술(skills)은 배울 수 있고 증진될 수 있다"는 믿음에서 출발한다. 오스본은 창의적이 되려면 확산적 사고와 수렴적 사고의 두 가지 유형을 모두 가지고 있어야 하며 창의적인 문제해결은 이들을 균형 있게 사용할 수 있을 때 가능하다고 주장하였다. 초창기 CPS모형은 창의적인 문제해결을 위해서 다음의 여섯 가지 과정을 포함하고 있다. 첫째, 문제를 왜 해결하려고 하는지 "목적(의향)"을 분명히 한다. 둘째,

문제를 정확하게 진단하기 위해서 사실에 기반한 데이터를 수집한다. 셋째, 해결하고자 하는 문제를 정확하게 진단하고 찾아낸다. 넷째, 문제해결을 위해서 다양한 아이디어를 만들어낸다. 다섯째, 만들어낸 아이디어 중 최선의 해결안을 찾아낸다. 마지막으로 여섯째, 최선의 해결안을 행동으로 옮길 수 있는 방안을 찾아낸다. 이처럼 여섯 가지 단계를 통해서 개인과 집단은 창의적으로 문제를 해결하게 되는데 각각의 단계(과정)는 확산적 사고와 수렴적 사고 모두를 필요로 한다.

CPS는 1980년대 이후 몇몇 학자들에 의해서 선형적이면서도 순차적으로 단계에 따라 창의적으로 문제를 해결하는 과정을 설명하는 지침으로 널리 활용되었다. 세부 내용을 기술하는 용어는 약간씩 차이가 있을지라도 CPS가 기본적으로 포함하고 있는 활동은 문제에 대한 인식, 발견, 그리고 해결에 관한 것이다. 이것을 단계 차원으로 간단히 설명하자면, 현재 상황에서 남들이 통상 느끼지 못하는 문제를 감지하는 것이 문제인식 단계이다. 이 때 중요한 것은 남들은 괜찮거나 별다른 문제로 생각하지 않는 것을 문제가 있다고 인지할 수 있다는 것이다. 문제가 되지 않을 것 같은 것을 문제로 인식한 후에는 이것이 어떠한 문제가 있는지 찾아내는 과정이 당연히 수반되어야 한다. 남들에게는 문제가 아닌 문제를 발견하기 위해서는 새로운 관점으로 문제를 바라보고 불편함과 갈등 그리고 충돌 등을 야기하는 부분을 면밀히 살펴봐야 하며 궁극적으로 이것이 어떤 속성의 것인지 찾아내는 것이 필요하다. 이렇게 탐색하여 찾아낸 문제를 해결하는 것은 또다시 창의적인 역량을 요구한다. 상황과 맥락에 맞게 그러나 동일한 문제가 반복되지 않도록 발견된 문제를 해결하기 위해서 독창적이면서 사회적으로 받아들일 수 있는 아이디어가 나와야 한다. 제시된 아이디어는 문제를 푸는 데 당연히 도움이 되어야 한다. 예외 없이 독창성과 유용성이라는 두 가지 요인이 모두 필요한 것이다.

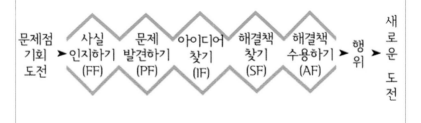

CPS모형의 예

최근에 정교화된 CPS모형은 선형적이고 위계적이기보다 다면적으로 창의적인 문제해결과정을 인식하면서 해결된 문제에 대한 평가와 실행을 이전보다 많이 강조하고 있다 (Isaksen et al., 2011). CPS모형의 핵심은 아이디어를 만들어 내고 만들어진 아이디어를 비판적으로 분석하는 것이다. 이를 위해서 확산적 사고와 수렴적 사고 과정이 반복적으로 필요하다. 앞서 말한 것처럼 CPS는 이제는 고유명사화된 창의적 문제해결능력 그 자체인 동시에 창의적 문제해결을 위한 도구로도 언급된다. CPS가 창의성 증진을 위한 전략으로도 유용하게 활용되고 있기 때문에 우리 독자들도 이것의 내용을 보면서 '어디에서 많이 들어본 것 같은데…'라고 생각할 수 있을 것이다. 사실 앞서 창의성을 과정 중심으로 이야기하면서 창의적 과정을 설명할 때에도 CPS와 유사한 이야기를 하였다. 창의적인 문제해결이 갑자기 어느 한순간 떠오르는 설명할 수 없는 현상에서 비롯되는 것이 아니라 객관적이고 단계적이며 체계적인 과정을 통해서 가능하기 때문이다. 물론 창의적으로 해결하는 과정을 육안으로 모두 명확하게 확인할 수 있거나 과정별로 뚜렷하게 구별되는 특성을 찾을 수 있는 것은 아니다. 그러나 기업이나 공학처럼 실용주의적 관점으로 창의성을 바라보는 경우, CPS는 당면하는 과제를 창의적으로 해결하려고 할 때 유용한 전략이나 기법으로 충분히 활용 가능하다. 이는 CPS를 통한 창의성 증진과 교육이 가능하다는 인식과 일맥 상통하는 부분이기도 하다.

2-3. 세 번째 방식: 커다란 창의성인가? 작은 창의성인가?

창의성을 이해하는 또 다른 방식으로 창의성의 수준이 있다. 일명 커다란 창의성(Big C)과 작은 창의성(little c)에 관한 것이다. 커다란 창의성은 말 그대로 "크고 높고 위대하다"의 의미로 보통 창의적인 업적을 이룬 저명한 사람들의 창의성을 가리킨다. 미켈란젤로, 다빈치, 고흐, 셰익스피어, 스티브 잡스, 빌 게이츠, 에디슨, 마리 퀴리(퀴리부인), 니체, 윈스턴 처칠, 세종대왕 등 우리에게도 친숙한 예술가, 과학자, 문학인, 기업가, 발명가, IT 전문가, 철학자, 정치인들이 보여준 위대한 창의성은 커다란 창의성이라고 할 수 있다. 이들의 공통점은 시간과 공간, 인종과 문화, 성별과 영역에 상관없이 우리의 삶에 긍정적으로 영향력을 미친 무언가를 만들어냈거나 보여준 사람들이라는 것이다. 따라서 커다란 창의성을 보여준 이들은 모두 범접할 수 없고 감히 따라갈 수 없는 위인이자 천재라는 생각이 드는 것이 사실이다. 이들의 창의성은 일반인들에게는 지극히 멀게만 느껴지는 크고 대단한 것으로 여겨질 뿐이다.

이에 반해, 우리가 일상 생활에서 발휘해야 하는 창의성이 있다. 새롭게 문을 연 레스토랑에 가서 식사를 하려고 메뉴를 보면서 무엇을 먹어야 할지 고민할 때, 교실에서 지루해하는 학생들에게 재미있으면서도 유익한 수업을 진행해야 할 때, 옷 가게에 가서 봄 향기가 가득한 예쁜 옷을 사고 싶을 때, 인터넷 쇼핑을 하면서 마음에 드는 신발을 하나만 골라야 할 때, 공부를 해야하는데 공부가 정말로 하기 싫을 때, 극장에 가서 보고 싶은 영화를 정해야 할 때, 여행을 떠나고 싶어 행선지를 결정해야 할 때 등, 일상 생활 속에서 우리는 자의적이든 타의적이든 선택을 해야 하는 상황에 매일 놓이게 된다. 어찌 보면 우리 모두 매 순간 무언가를 생각하고 고민하면서 선택과 집중을 해야 하는 인생을 살고 있는 것 같다. 이 때 창의적으로 문제를 해결하는 능력이 필요한데 여기에서 창의성은 작은 창의성이다. 매 순간 살아보지 못한 삶을 사는 우리에게 필요한 것은 이전과는 다른 새로운 그러나 자신의 요구에 부합하고 타인과 사회에 해가 되지 않는 무언가를 선택하고 결정하는 판단력과 실행력이다. 아마도 필자를 비롯한 많은 사람들이 이미 정해져 있는 음식, 봄 옷과 신발, 영화와 여행지가 있어서 굳이 고민하지 않아도 되는 삶을 살기를 바라기도 하지만 매번 생각없이 반복적으로 따르기만 하는 삶을 살아간다고 생각해보자. 얼마나 지루하고 무미건조할까? 걱정이 없어서 안정적이라 행복할 수도 있겠지만 사실 우리는 새로운 것을 추구하고 경험하면서 기쁨과 희열을 느끼곤 한다.

작은 창의성은 우리가 일상 속에서 매일 매 순간 경험하는 것에서부터 얻어지고 발현된다. 이를 "일상 속에서의 창의성(everyday creativity)"이라고 부른다(Runco, 2004). 아마도 우리 독자들에게 작은 창의성이 오히려 낯설게 느껴질지도 모른다. 왜냐하면 창의성은 작은 창의성이 아닌 커다란 창의성이라고 많이들 생각하고 있기 때문이다. 그런데 앞서 이야기한 창의적인 과정이나 CPS은 작은 창의성에서 발생하는 문제들을 해결하는 데 모두 적용된다. 일상 생활에서 우리가 인지하고 발견하는 문제들과 고민하고 선택하여 해결해야 하는 문제들은 사실 우리의 삶 그 자체인지도 모른다. 하루하루 무언가를 결정하고 해결해야 하는 상황에서 살아가고 있기에 생활 속에서 끊임없이 필요로 하는 것이 바로 작은 창의성인 것이다. 따라서 작은 창의성 속에는 학교에서 가르치는 교사, 집에서 음식을 만드는 부모, 동네 베이커리에서 케이크를 굽는 제빵사, 수선이 필요한 옷을 리폼해주는 수선집 주인, 무거운 이삿짐을 옮겨주고 정리해주는 이삿짐 회사 직원 등을 비롯해서 무수히 많은 창의적인 사람들이 있다. 이들은 모두 기존에 해왔던 방식이 아닌 이전과는 조금이라도 달라진 발전적인 해결책을 생각해내고 행동으로 직접 보여줘야 하기에 모두 창의적인 사람들이다.

위에서 살펴본 것처럼 커다란 창의성과 작은 창의성의 차이는 분명 존재한다. 특히 이들 창의성을 몸소 보여주었거나 실천한 사람들을 통해서 창의성의 수준을 이야기할 수 있을 것이다. 커다란 창의성의 사람들은 대부분 우리가 실제로 만나본 적은 없지만 이들의 성취와 업적이 나와 타인, 조직과 사회, 국가와 인류 사회에 미치는 영향력이 매우 크다. 이들을 창의적인 사람(천재)이라고 부르는데 거의 모두 공감하고 동의할 것이다. 이에 반해, 작은 창의성은 타인과 조직, 그리고 사회 전체보다 개인 당사자에게 의미 있는 창의성이기에 궁극적으로 자신에게 유용한 새로움과 관련이 있다. 따라서 이들의 창의성은 개인의 경험과 판단에 의해 우선적으로 결정된다.

오늘날에는 수준별 창의성을 '커다란 창의성 vs. 작은 창의성'의 두 가지로 구분하기보다 '미니(mini) 창의성, 개인(personal) 창의성, 전문적인(professional) 창의성' 등을 포함해서 보다 더 세분화시켜 논의하기도 한다(Kaufman, 2009). 창의성의 수준에 대한 절대적인 기준은 없지만 창의성을 크고 작은 것으로 나누는 기준은 창의적인 결과물의 의미와 가치가 얼마나 많은 사람과 대상, 조직과 사회 등에 영향을 미치고, 우리가 기존에 가지고 있었던 생각과 행동을 얼마나 획기적으로 변화시키고 전환시키는지와 관련이 있다. 창의성이 너무나 대단한 것으로 생각되는 이유는 우리가 일반적으로 생각하는 창의성이 바로 커다란 창의성이기 때문이다. 미래 사회에서의 생존과 안녕이 창의성에 달려있다고 생각하고 국가적으로 창의성의 필요성을 역설하는 것도 바로 이와 같은 커다란 창의성이 우리 사회에 공헌하는 바를 알고 있기 때문이다. 커다란 창의성은 분명 일반인인 나와는 거리가 있는 것으로 느껴지는 것이 사실이다. 그럼에도 우리의 창의성이 생활 속에서 알게 모르게 항상 발휘되고 있음을 잊어서는 안 될 것이다. 그렇다면 우리는 모두 창의적이라고 자신 있게 말할 수 있을까?

우리는 그리고 인간은 모두 창의적인가? 앞서 일상 생활 속에서 크고 작은 여러 유형의 문제들을 해결하기 위해서 창의성은 반드시 필요하다고 이야기했다. 그런데 왜 여전히 창의성은 소수의 창의적인 사람들의 것이라는 생각이 들까? 모든 사람들이 창의적이라고 한다면 왜 대부분의 사람들은 개인에게만 의미가 있는 작은 창의성으로 만족해야만 하고 커다란 창의성으로 발전하지 못하는 것일까? 필자는 이를 창의적인 잠재성과 실제 수행(성취 또는 업적) 간의 차이로 설명하고자 한다.

창의성을 인간 고유의 성향이나 특성 그리고 능력으로 믿는다면 모든 사람은 창의적이거나 최소한 창의적인 잠재성을 가지고 있다고 당연히 말할 수 있다. 창의성 연구를 활발히 하고 있는 학자 중 한 명인 런코(M. Runco, 2004)는 모든 사람들은 창의적인 잠재성을 가지고 있지만 잠재성만큼의 수행이나 성과를 실제로 보여줄 수 있는 것은 아니라고 말한다. 런코의 주장대로 모든 사람들이 창의적인 잠재성을 가지고 있음에도 창의성을 모두가 아닌 소수의 특별한 사람들만이 가지고 있는 재능으로 여전히 믿게 되는 것은 잠재성과 실제로 보여주는 결과물 간에 간극이 매우 크기 때문이다. 그만큼 잠재성이 실제 수행이나 결과물로 보여지는 데 많은 시간과 노력이 드는 것이 창의성이다. 창의성 계발과 발현은 결코 쉽지 않다. 그럼에도 창의성이 누구나 가질 수 있는 잠재적인 재능이라면 이것이 가시적인 수행이나 결과물로 제대로 빛을 발휘할 수 있도록 노력해야 하고 노력할 수 있다는 것이 아닌가? 창의성 교육의 필요성과 당위성을 이야기할 수 있는 것만으로도 고무적인 일이다.

3. 창의성은 개인이 가지고 있는 특성인가? 집단이 가지고 있는 특성인가?

창의성은 내가 가지고 있는 특성일까? 아니면 내가 속한 집단이나 조직, 사회와 국가, 나아가 문화적인 특성일까? 왜 갑자기 뜬금없이 창의성을 개인 vs. 집단의 특성으로 구분하여 논하는지 모르겠다고 생각할지 모른다. 그런데 창의성을 개인 차원 또는 집단 차원으로 접근하려는 시도는 오늘날 창의성을 이해하는데 꽤나 중요하고도 소위 핫한(hot) 방식이다.

대부분의 사람들은 창의성을 개인 차원으로 생각한다. 창의성이란 특정한 소수의 사람들만이 가지고 있는 특별한 성향이나 성격, 능력이나 재능이거나 누구나 보편적으로 가지고 태어난 특성이나 능력이라는 것이다. 이처럼 창의성을 개인의 것으로 인식한다면 이는 창의성을 개인 차원으로 이해하는 것이다. 이에 반해, 창의성을 개인이 속한 집단, 조직, 사회, 국가 및 문화권 내에서 계발되어 발현되는 것으로 생각한다면 집단 차원으로 창의성을 이해하는 것이다. 필자는 전자와 후자를 각각 개인 창의성과 집단 창의성으로 지칭하고 각각이 의미하는 바를 조금 더 자세히 살펴보고자 한다.

3-1. 개인 창의성

　개인 창의성은 창의성을 개인이 가지고 있는 성향이나 성격, 특성이나 능력 또는 재능으로 인식하는 것이다. 그렇기 때문에 창의성 계발과 발현에 개인, 특히 창의적인 사람이 가장 중요하다. 창의성은 미래 사회에서 개인이 반드시 가지고 있어야 하는 역량이라고 많이들 이야기한다. 이 때의 창의성도 개인 차원으로 본 것이다. 창의성을 개인적인 역량으로 이해한다면 "개인이 창의적인가, 창의적이라면 얼마나 창의적인가, 왜 창의적인가, 어떻게 하면 보다 더 창의적이 될 수 있는가?" 등에 관해서 관심을 가질 수밖에 없다. 따라서 개인이 가지고 있는 창의성을 인지, 발견 및 측정하고 진단한 후 이를 계발할 수 있는 교육이나 최적의 방안에 대해서 고민하는 것이 필요하다. 개인 창의성에서 창의성 측정과 진단 및 평가, 그리고 이에 기반한 계발과 교육이 중요한 이유이다.

　전통적으로 창의성은 개인 창의성 관점에서 연구되어 왔다. 대표적인 것이 창의적인 사람들의 성격 특성에 관한 것으로 미국의 심리학자 도널드 맥키넌(Donald W. MacKinnon)의 연구들이 잘 알려져 있다. 맥키넌은 자신이 교수로 재직했던 미국 캘리포

IPAR의 초대 센터장을 역임한
미국의 심리학자 도널드 맥키넌(1903-1987)

니아 주 버클리대학교에 있는 개인의 성격을 측정, 진단 및 연구하는 연구소(The Institute of Personality Assessment and Research: IPAR, 현재는 Institute of Personality and Social Research: IPSR)의 초대 센터장을 역임하였다. IPAR는 1949년 미국의 록펠러 재단(Rockefeller Foundation)에 의해서 설립되었는데 이후 개인의 성격 특성과 전문성(예: 전문가의 수행)을 연구하면서 창의성, 리더십, 예술, 성취 등에 관한 경험적 연구들을 광범위하게 진행하였다. 1960년대 초창기 센터에서 수행한 대표적인 연구로 맥키넌이 주도적으로 진행한 창의적인 사람들, 특히 건축가들의 성격 특성에 관한 것이 있다. 창의성을 공부하는 사람이라면 누구나 한번쯤은 읽어본 적이 있을 만큼 학계에서 많이 인용되고 있는 대표적인 창의성 연구이다.

맥키넌은 창의성 수준에 따라서 건축가를 구분하여 이들의 특성을 비교하였고 지금도 많이 쓰이고 있는 자기보고식 형용사

체크리스트(예: 자신의 특성을 잘 나타내는 형용사를 골라서 선택하는 기법)를 활용하여 창의적인 사람들의 특성을 분석하였다. 뿐만 아니라 창의성 검사 점수와 자아(self)를 형성하는 특성 간 관계 분석을 통해서 창의적인 성격 특성을 기반으로 하여 개인이 가지고 있는 창의성을 이해하려고 하였다. 특히, 그의 연구 결과 중 눈에 띄는 것은 필자도 관심을 가지고 연구했던 성공한 건축가들에 관한 것이었다. 그는 실용적이고 합리적인 성품과 긍정적인 사회성(예: 사회성 발달)을 창의적인 건축가들의 특성으로 보고하였다. 앞서 소개했던 필자의 연구에서도 발견되었던 재미있는 결과였다. 창의적인 사람들에 대한 연구, 특히 이들의 성격 특성에 관한 연구들은 창의성을 창의적인 개인으로부터 나오는 개인의 것으로 간주한다. 개인 창의성에서 무엇보다도 중요한 것은 역시나 창의적인 사람들의 특성인 것이다.

3-2. 집단 창의성

집단 창의성은 개인보다 집단적 요인이나 상황이 창의성을 결정한다고 가정한다. 물론 창의적인 개인이 중요하지 않다는 말은 아니다. 집단 창의성은 개인이 속한 집단이 개인의 창의성을 계발하고 발현하는 과정 중에 이를 조장하거나 반대로 억제하거나 아니면 아무런 역할을 하지 않을 수도 있다는 점에 주목한다. 여기에서 우리는 집단이 무엇인지 궁금해진다. 집단이 하나가 아닌 다수를 의미함을 고려해보면 집단 창의성은 창의적인 개인 한 명보다 두 명 이상이 한데 모여 이룬 전체를 기본적으로 가정하고 집단 내 다수의 개인이 창의적인 생각과 수행 및 결과물을 만들어내고 구현하는 것을 가리킨다. 따라서 개인이 속한 집단의 분위기와 집단 구성원들의 특성 그리고 구성원들 간 관계가 집단 내에서 창의성을 발현하고 창의적인 결과물을 생성하는 데 중요한 영향을 미친다.

　오늘날 창의성의 속성을 제대로 이해하기 위해서 집단 창의성 관점에서 창의성이 무엇인지 살펴보는 것이 필요하다. 먼저 집단의 예로 우리는 가정, 교실과 학교, 기업, 사회, 국가, 그리고 문화 등을 생각해볼 수 있다. 사회적으로 창의성 교육의 필요성에 대한 인식과 논의가 활발하게 진행되고 있음을 고려했을 때 학교 환경, 특히 교실에서의 창의성과 이것에 영향을 미치는 요인들을 살펴보는 것도 의미가 있을 것이다. 교실과 학교라는 집단에서의 창의적인 학생과 창의성을 먼저 살펴보도록 하자.

(1) 교실에서 창의적인 학생

　교실은 다수의 학생들이 교사와 상호작용하는 공간이다. 물론 교사도 한 명이 아닌 다수일 수 있지만 통상 수업 시간을 생각해 보면 교사 한 명과 다수의 학생들이 교실에 함께 있게 된다. 교실이라는 공간을 학교 안 작은 조직으로 생각해보자. 이 때 교실에서의 창의성을 어떻게 정의할 수 있을까? 교실에서의 창의성을 이야기할 때면 무엇보다 교실의 구성원인 교사와 학생이 떠오른다. 교실에서는 다양한 상호작용이 일어난다. 교사와 학생, 학생과 학생, 학생들로 이루어진 작은 소집단 간 상호작용 등이 대표적인데 이들 중 교사와 학생 그리고 학생과 학생 간 상호 작용을 가장 먼저 떠올릴 수 있다. 교사와 학생 간 상호 작용은 교수 및 학습 활동으로 나타나고 학생 간 상호 작용은 모둠 활동을 통해서 확인할 수 있다. 교실이라는 집단에서 학생의 창의성을 발견하고 계발하는 데 가장 중추적인 역할을 하는 사람은 의심의 여지없이 교사이다. 교사가 창의성, 특히 학생의 창의성을 어떻게 인식하고 이를 위해서 어떠한 노력을 기울이는지에 따라 학생의 창의성 발달이 결정된다고 해도 과언이 아니다. 그렇다면 교사는 어떻게 창의성을 인식하고 있고, 창의적인 학생을 생각하고 있을까?

　교사와 창의성에 대한 연구는 교사의 창의적인 학생에 대한 인식 연구가 가장 대표적이다. 우리나라와 미국에서 50여 년 동안 수행된 다수의 연구들에 의하면, 교사는 공부를 잘하는 학생들을 창의적인 학생들보다 선호하는 것으로 나타났다(Runco, 2007 참조). 여기에서 선호한다는 것의 의미를 "차별적으로 좋아한다"라기보다 "편안하게 생각한다"는 것으로 이해하는 것이 적절해 보인다. 연구의 대상과 방법 및 결과가 모두 동일하지는 않지만 지속적으로 보고되는 내용은 교사가 창의적인 학생보다 공부를 잘하는 학생을 더 좋아한다는 것이다. 이와 같은 결과를 야기시킨 이유를 여러 측면에서 논의할 수 있겠지만 교사가 일반적으로 가지고 있는 성향이나 특성을 생각해보면 쉽사리 이해가 되는 부분이 있다.

필자는 창의성 교육에 대해서 부모와 교사들을 대상으로 특강을 많이 해왔다. 지금도 여전히 많은 부모와 교사들을 만나서 자녀와 학생들의 창의성 발견과 계발 및 교육에 대한 이야기를 하고 있지만 교사가 선호하는 학생이 창의적인 학생이 아닌 공부를 잘하는 학생이라는 연구들을 소개할 때면 대부분의 교사는 이에 수긍하고 공감을 표한다. 왜 그럴까? 필자가 꼽고 있는 첫 번째 이유는 일반적으로 교사가 창의적인 학생보다 공부를 잘하는 학생과 비슷한 특성들을 가지고 있기 때문이다. 필자가 만난 교사들에게 공부를 잘하는 학습 우수아와 창의적인 학생의 특성들을 동시에 제시하고 자신과 얼마나 비슷하고 다른지 물어보면 90% 이상이 공부를 잘하는 학생과 비슷하다고 응답한다. 우리가 통상 생각하고 그려보는 선생님의 모습을 생각해보면 쉽게 이해가 간다. 우리들의 선생님은 근면, 성실하고 규칙과 규율을 잘 지키며 열심히 공부하고 매사에 최선을 다하는 모범생의 이미지를 가지고 있다. 물론 창의적인 사람들의 모습에 더 가까운 선생님도 있지만 대체적으로 공부를 잘하는 모범생의 모습을 가진 그리고 실제로도 학창 시절 공부를 잘했던 선생님이 대부분이다.

여기에서 주의를 기울여야 할 부분은 교사가 창의적인 학생보다 공부를 잘하는 학생과 비슷한 특성들을 더 많이 가지고 있기 때문에 창의적인 학생들을 제대로 이해하지 못할 수 있다는 것이다. 가령, 창의적인 학생들이 왜 수업 시간에 집중하지 못하고 주의력이 산만한 것인지, 왜 자신이 좋아하는 주제나 수업에는 극도로 몰입하면서 다른 사람이나 다른 일에는 무관심한 것인지, 왜 사소한 철자나 계산 문제는 틀리면서 남들이 생각하지 못하는 엉뚱한 생각을 잘하고 가끔씩은 감탄이 나오는 신선한 아이디어를 잘 내는 것인지, 왜 하라는 공부는 하지 않고 자기가 좋아하는 것만 하겠다고 반항하는 것인지, 그리고 공부는 잘할 것 같으면서도 왜 결과적으로는 잘하지 못하는 것인지 등 창의적인 학생들에 대해서 가지고 있는 다소 부정적인 의문점들이 교사의 마음 한 켠에 있는 것이 사실이다. 창의적인 학생들의 특성을 제대로 이해하지 못하면 이들이 가지고 있는 강점과 약점을 제대로 파악할 수 없고 이들이 가지고 있는 창의적인 재능을 계발하기 어렵다. 특히 학교에서 교사가 학생의 재능을 발견하고 계발하는 데 결정적인 역할을 한다는 점을 고려했을 때 교사의 창의적인 학생에 대한 올바른 인식과 이해는 교실에서 학생의 창의성을 찾아내고 증진시키는 데 매우 중요하다.

(2) 교실에서의 창의성과 창의적 메타인지

교사의 창의적인 학생에 대한 이해뿐만 아니라 창의성 자체에 대한 인식도 교실에서의 창의성 증진과 교육에 중요한 영향을 미친다. 혹자는 교사가 창의성에 대해서 부정적으로 생각하고 있는 것이 아닌지 의구심을 가질 수 있다. 왜냐하면 창의성은 기존의 것에 대한 순응과 복종이 아니라 새로움을 추구하는 과정에서 수반되는 저항과 반항심을 포함하고 있기 때문에 창의성 자체에 대해서 호의적이지 않을 수 있다. 그러나 연구 결과들은 교사가 창의성 자체를 부정적으로 생각하는 것이 아니라 교실과 학교라는 환경(맥락)에서 창의적인 학생이 보이는 태도와 행동을 부적절하게 생각하는 경향이 있다고 보고한다. 다시 말해서, 창의적인 학생들이 교실이나 학교라는 조직에서 일반적으로 기대하고 있는 태도와 행동을 보이지 않는 경우가 많기 때문에 이를 부적절하다고 생각하는 것이지 창의성 자체를 부정적으로 인식하는 것은 아니라는 것이다. 이를 창의성 이론에서는 "창의적 메타인지(creative metacognition: CMC)"로 설명한다(Kaufman & Beghetto, 2013).

창의적 메타인지(이하 CMC)는 창의성에 대한 인식과 판단이 창의성이 발현되는 환경과 맥락에 의해서 영향을 받는다고 가정한다. 예를 들어, 우리나라 사람들이 우리 사회에서 인정하는 창의적 결과물은 미국 사람들이 미국 사회에서 인정하는 것과는 다를 수 있다. 왜냐하면 우리 사회에서 중요하고 가치롭게 여겨지는 창의적인 결과물과 미국 사회의 것과는 차이가 있을 수 있기 때문이다. 학교나 학교 안 교실에서도 마찬가지이다. 우리나라 교사와 미국 교사의 인식 차이를 고려하지 않더라도 일반적으로 교사가 생각하는 창의성과 창의적인 학생은 기업이라는 조직에서 기대하는 창의성과 창의적인 직원의 특성과는 다를 수 있다. CMC에 의하면, 학교와 기업과 같은 집단이나 조직의 환경과 맥락에 따라 필요로 하고 가치롭게 여기는 창의성과 창의적인 구성원이 다르다는 것이다.

필자는 앞서 교사와 학습 우수아들 간 공유할 수 있는 유사한 특성들 때문에 교사가 일반적으로 창의적인 학생들보다 공부를 잘하는 학생들을 더 선호한다고 말했다. 그렇다면 CMC의 관점에서는 이를 어떻게 설명할 수 있는지 다시 한번 정리해보자. 먼저 교사가 창의성이나 창의적인 성향과 특성을 가지고 있는 학생들을 불편하게 생각하거나 이들에게 반감을 가지고 있다기보다 학교나 교실이라는 맥락에서 창의적인 학생들보다 학습우수 학생들이 보이는 태도와 행동을 보다 더 바람직하다고 생각한다는 것이다. CMC를 기반으로 설명할 수 있는 교실에서의 창의성과 창의적인 학생들에 대한 교사의 생각과 태도는 교실이나 학교라는 집단과 조직에서 교사가 특별히 바람직하다고 여기고 선호하는 창의성과 창의적인 학생이 있을 수 있음을 보여준다. 따라서 창의성과 창의적인 사람의 특성도 개인이 속한 집단에 따라 달라질 수 있다.

필자의 제자들 중에는 현직 교사들이 꽤나 된다. 대다수의 교사 출신 제자들은 창의성 교육에서 교실과 학교라는 환경, 교사와 학생이라는 개인, 그리고 궁극적으로는 교사 교육에 관심을 가지고 있다. 이들이 수행한 연구에서 주의를 끄는 결과가 있었다. 교사가 수업 시간에 학생들이 만들어낸 결과물이 창의적인지 여부를 판단할 때 결과물이 얼마나 독창적인지보다 본래 의도했던 기능을 제대로 하고 있고 향후 활용 가능한지를 중심으로 평가하는 경향을 보인다는 것이다(이빈, 이선영, 2020). 창의성의 두 가지 핵심 요인인 독창성과 유용성 중에서 교사가 유용성에 조금 더 치우쳐서 학생, 정확히는 학생이 만들어낸 결과물이 얼마나 창의적인지 평가하는 경향이 있다는 점은 교실이라는 맥락에서 교사가 중요하게 생각하는 창의성의 속성이 무엇인지 짐작하게 한다.

학교와 교실의 예를 통해서 조직 내 창의성은 조직이 기반하고 있는 환경과 조직 안에 있는 사람들과의 관계를 통해서 그것의 성격이 결정될 수 있음을 알 수 있다. 기업에서의 창의성도 기업이라는 조직의 특성과 분위기, 기업에서 일하는 사람들, 기업 밖에 있는 사람들(예: 소비자) 간의 관계 속에서 정의되고 결정된다. 앞서 영역 특수적인 창의성을 이야기하면서 기업에서의 창의성 증진에 기업가의 창의적인 마인드, 창의성을 중요시하고 가치롭게 여기며 창의성을 독려하는 기업 분위기, 그리고 창의적인 성과에 대한 확실한 인정(예: 인센티브 등의 경제적인 보상) 등이 도움이 된다는 연구를 소개한 바 있다. 다시 한번 말하지만, 우리가 간과해서는 안되는 것은 집단 내 창의성은 "개인이 얼마나 창의적인가?"처럼 구성원 개인의 창의적 역량만으로 설명할 수 없다는 것이다. 집단 내에서 문제해결과 의사결정에 가장 커다란 영향력을 행사할 수 있는 개인(예: 리더)과 집단(구성원) 전체가 창의성을 어떻게 인식하고 이를 인정해주는가에 따라 창의성이 정의되고 증진될 수 있다. 따라서 집단 구성원들의 특성뿐만 아니라 이들 간 관계(예: 리더와 팔로워, 수직 vs. 수평 관계), 집단 내 창의적인 분위기와 집단이 추구하는 목표와 지향점 등이 모두 한데 어우러져 집단에서의 창의성을 결정할 수밖에 없다.

창의성을 개인의 것으로 이해해야 하는지, 개인을 둘러싼 집단이나 환경과의 상호 작용에서 비롯된 것으로 이해해야 하는지 명확하게 단언하는 것은 불가능하다. 그러나 조금 더 분명해지는 건 창의성이 그만큼 단순하지 않은 개인의 성향이자 역량인 동시에 사회적으로 그것의 가치와 존재 의미가 부여되는 집단적 산물이라는 점이다. 세상사가 나 혼자 잘한다고 해서 언제나 항상 잘되지 않는 오늘을 살고 있는 우리에게 창의성이 더 이상 개인 창의성에 머무르지 않고 더불어 하는 집단 창의성으로 그것의 관심과 연구가 확대되고 있는 것은 어찌 보면 당연한 일인지 모른다. 창의성은 이제 더 이상 나만의 특별한 개성이 아닌 우리 사회의 소중한 재능으로 인정받고 있는 것이다.

여기서 잠깐! #4
초등학교 교실에서의 모둠 활동과 집단 창의성

　최근 집단 창의성에 관심을 가지고 연구를 수행하여 박사 학위를 받은 필자의 제자가 있다. 관련 연구 내용 중 주목할 만한 결과를 잠시 소개하고자 한다. 최근 김윤경(2021)의 학위 논문에서 연구자는 초등학생들이 모둠이라는 집단 활동 중에 얼마나 창의적인 아이디어를 만들어낼 수 있는지 살펴보았다. 연구에서는 모둠 활동 중 집단을 구성하는 학생들이 느끼는 동조 의식이 집단 내에서 창의적인 아이디어를 만들어낼 때 어떠한 영향을 미치는지 특별히 주목하였다. 연구 결과, 모둠 활동 중에 학생들이 느낀 동조 의식은 집단의 동조 성향을 형성하였는데 이러한 동조 성향은 집단 내에서 또래 친구들과 다른 독창적인 아이디어를 만들어내고 최종적으로 집단 전체의 창의적인 아이디어를 선정하는 데에 영향을 미쳤다. 연구는 모둠 활동에서 창의적인 생각이나 아이디어를 낼 때 학생들은 자신의 생각을 있는 그대로 제시하기보다 함께 모둠 활동을 하는 친구들에게 동조하려는 성향을 보였고, 이것이 궁극적으로 집단의 동조 의식을 만들어서 집단 내 창의적인 의사 결정에 영향을 미칠 수 있다는 것을 보여주었다. 물론 모둠 활동에 참여하는 학생들이 집단 내에서 창의적인 아이디어를 최종 선정할 때 어떤 학생들이 제시한 아이디어에 더 많은 동조 성향을 보였는지에 대해서는 설명하지 못한 한계점이 있었다. 그럼에도 불구하고 집단 내 창의적인 의사 결정이 집단 구성원들의 창의적인 성향과 역량뿐만 아니라 집단 전체의 분위기, 구성원들 간 역학 관계와 상호 작용 등에 따라서 달라질 수 있음을 보여주었다는 점에서 김윤경의 연구는 창의성, 특히 집단 창의성을 이해하고 창의성 교육을 계획하는 데 시사하는 바가 있다(자세한 내용은 김윤경, 2021 참조).

Q&A 여전히 질문이 있어요 … 이선영 교수에게 물어보세요!

Q1. 창의성이 그렇게 중요한가요? 인공지능시대에 코로나 바이러스와 힘들게 싸우면서 살고 있는 지금, 창의성은 여전히 중요한가요?

네, 창의성은 여전히 그리고 더욱더 중요합니다. 왜냐하면, 불안정과 불확실성의 시대를 살고 있는 지금, 그리고 예측 불가능하게 빠르게 변하는 내일을 향해 달려가고 있는 지금, 창의성은 시대가 요구하는 특성이자 능력, 나아가 정신(spirit)이라고 생각합니다. 창의성은 기존의 것을 답습하지 않고 문제를 새롭고 유용하게 바라보고 해결하려는 태도와 행동을 총칭하기에 지금과 같은 위기와 갈등 상황에서 반드시 그리고 오히려 더 많이 필요한 우리 인간들만의 역량이자 재능입니다.

2016년 이세돌9단과 알파고간 세기의 바둑 대결을 통해서 많은 사람들이 빅데이터에 기반한 딥러닝 기법의 학습 능력에 놀라움을 금하지 못했습니다. 이 일을 계기로 알파고라는 존재를 대중에게 각인시키면서 인공지능시대를 제대로 보여주게 되었지만 마침내 인간이 인간 스스로 만들어낸 기계의 지배를 받게 되었다는 현실을 인정할 수밖에 없게 되었습니다. 그러나 저는 오히려 이럴 때일수록 인간 고유의 능력인 창의성이 빛을 발휘할 수 있다고 믿고 있습니다. 사실 창의성은 평온과 평화의 시대에 필요한 것이라기보다 불편함과 갈등이 있을 때 더욱 필요합니다. 차가운 이성인 머리뿐만 아니라 인간이기에 공감하고 이해하고 생각하고 느낄 수 있는 따스한 감성과 인간미를 동시에 품을 수 있는 우리만의 능력과 재능이 있어야 합니다. 창의성은 이처럼 이성과 감성, 그리고 인간미를 모두 가지고 있는 우리에게 주어진 소중한 선물이지만 지속적으로 계발해야만 그것의 역할을 다할 수 있는 무거운 보물입니다.

창의성은 새롭고 독특하지만 단지 독창적이어서는 안됩니다. 독창적이지만 쓸모 있어야 하는 기능성이 함께 고려되어야 하기에 사회적으로 이를 받아들일 수 있어야 합니다. 그러기 위해선 사회를 구성하는 우리들의 마음을 움직일 수 있어야 합니다. 유용성과 기능성을 분야의 전문가들만이 판단할 수 있다고 생각할지 모르지만 사실 창의적인 산물은 그것을 사용하는 사람들에 의해서 궁극적으로 결정됩니다. 전문가들이 아무리 훌륭한 제품이라고 인정했다 하더라도 그것을 사용하는 소비자의 마음을 얻지 못하면 제품은 이내 사라지고 맙니다. 따라서 창의적이 되려면 인간과 인간의 마음에 대한 이해가 반드시 선행되어야 합니다. 인공지능시대에 살고 있는 우리들의 마음을 누가 가장 잘 이해할 수 있을까요? 코로나와 함께 살고 있는 우리들의 지치고 힘들고 고된 여정을 누가 가장 잘 이해할 수 있을까요? 바로 우리들입니다. 그래서 창의성은 바로 우리들의 것입니다. 우리들을 이

길 수 있을 것 같은 기계를 만든 이도 우리들이고 이를 통해서 문제를 해결할 수 있는 이도 바로 우리들입니다. 창의성은 차갑지만 따스함을 가지고 있는 인간 고유의 능력이기에 차가운 판단력과 따스한 해결책을 모두 제시할 수 있습니다. 창의성은 오늘을 가능하게 했고 내일을 가능하게 할 우리들의 힘입니다. 코로나시대에 살고 있는 지금, 창의성은 더욱더 절실히 필요합니다.

Q2. 아동이 어른보다 더 창의적인가요? 아니면 반대로 어른이 아동보다 더 창의적인가요?

아동이 어른보다 창의적이라고 할 수 없습니다. 왜냐하면 창의성은 새로움과 쓸모 있음을 모두 가지고 있어야 하기 때문입니다. 그렇다면 어린 아이들이 어른들보다 창의적이라고 생각할 수 있는 근거는 무엇일까요? 아마도 어린 아이들이 가지고 있는 때묻지 않은 순수함과 기성 세대들에게 종종 보여지고 나타나는 예측 가능한 뻔함을 가지고 있지 않기 때문이 아닐까 싶습니다. 천진난만하고 순수한 동심의 세계에서 우리는 자유롭게 상상의 나래를 펼쳐봅니다. 그러다가 세상 밖으로 나와서 가족을 넘어 다른 사람들과 우리라는 조직을 만들어 생활하면서 타인을 의식하게 되고 조직의 규칙과 전통에 따르도록 교육받게 됩니다. 자신만의 생각이 아니라 타인과 조직의 관점에서 사고하고 행동해야 하기 때문에 나이가 들면서 아무런 제약없이 자유롭게 상상력을 발휘할 수 없게 되는 것이 사실입니다. 기성 세대 어른들은 연륜이 쌓이며 타인과 조직 그리고 사회의 요구와 기대를 의식하면서 사회적인 타협과 조화를 추구할 수밖에 없게 되기 때문에 어린 시절 허용되었던 무한대의 자유로움에 기댈 수 없습니다. 이와 같은 이유로 아동이 어른보다 창의적이라고 생각할 수 있습니다.

그러나 창의성이 가지고 있는 개인적 의미뿐만 아니라 사회적인 가치와 수용 및 인정 등을 고려했을 때 과연 아동을 진정한 의미로 창의적이라고 할 수 있을까요? 예를 들어, 6세 아동이 상상의 나래를 펼치면서 그린 그림을 보고 아동의 순수함과 상상력을 칭찬할 수 있지만 고흐나 피카소의 작품을 보면서 받았던 창의적인 영감과 감흥을 느낄 수 있을까요? 고흐나 피카소의 작품을 누구나 좋아하고 이들의 창의성에 모두 다 경외심을 표현하지는 않지만 최소한 미술 영역의 전문가들에게서 인정받을 수 있는 창의성을 이들의 작품들은 가지고 있습니다. 전문성뿐만 아니라 저처럼 그림에 문외한이지만 그림을 좋아하는 일반인들로부터 커다란 관심과 사랑 그리고 지지를 받고 있는 대중성 또한 가지고 있습니다. 이것이 창의성을 설명하는 독창성과 유용성이 아닐까요?

창의성은 오랜 시간의 노력과 경험을 통해서 창의적인 개인뿐만 아니라 사회적으로도 의미가 있어야 합니다. 이것이 바로 진정한 의미의 독창성이요 유용성입니다. 독창성과 유용성은 별다른 관련성이 없어 보일지 모르지만 창의성 발현에 상호 보완적인 역할을 합니다. 독창성이 독창적으로 인정받기 위해서는 유용성의 기준을 충족해야 하고 유용성이 진정으로 쓸모 있는 것으로 인정받기 위해서는 독창적이어야 합니다. 이것이 바로 창의성의 본질이며 이와 같은 상호 보완적인 관계를 통해서 발현되는 창의성은 아마도 어른에게서(만) 보여질 가능성이 훨씬 높습니다.

11. 창의성 측정과 진단 이야기

창의성을 측정하고 진단할 수 있을까?

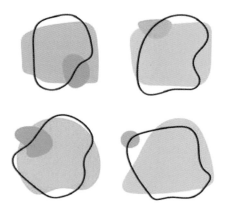

핵심어: 글로벌재능진단검사, 토렌스, 토렌스창의성진단검사, 확산적 사고능력

"창의성에 관심이 많은 만큼 어떤 사람들이
창의적이고 창의적인 사람임을 어떻게 알 수 있는지 궁금합니다.
보이지 않는 창의성을 측정해서 수치화하는 것이 가능한 일인가요?
왜 우리는 끊임없이 개인의 창의성을 점수화시켜
창의성 지수 같은 것을 만들어 내고 싶어하는 것일까요?"

1. 창의성은 측정과 진단이 가능할까?

창의성을 측정하고 진단할 수 있을지에 대해서 필자도 많은
고민과 공부의 시간을 가졌다. 창의성이라는 개념이 가지고 있는
다차원적이면서도 복합적인 속성, 개인 재능 차원뿐만 아니라 집
단, 조직 및 사회 재능으로서 창의성을 이해해야 하기 때문에 이
를 측정하고 진단하여 수치화하는 일은 결코 쉽지 않다. 솔직히
쉽지 않을 뿐만 아니라 단순하게 일반화시키는 데에 따른 위험

성이 분명히 있다. 그러나 창의성 교육에서 측정 및 평가, 진단 그리고 이어지는 계발 과정은 너무나 중요한 과제이다. 교육학자로서 필자는 다음과 같이 질문해보고자 한다. "사회과학적으로 창의성은 측정과 진단이 가능할까?" 이에 대한 답변은 "그렇다"이다.

1-1. 심리학자들의 창의성 연구와 확산적 사고 능력으로서의 창의성

창의성을 연구한 대표적인 사람들은 심리학자들이다. 특히 인지심리학들을 중심으로 창의성을 개인의 인지능력의 하나로 인식하고 심리검사를 통해서 객관적으로 측정하려는 노력을 해왔다. 대표적인 학자가 길포드(J. P. Guilford)와 토렌스(E. Paul Torrance)이다. 미국심리학회(American Psychological Association: APA)의 회장으로 취임하면서 창의성 연구의 필요성과 지원을 역설했던 학자로 유명한 길포드는 인간의 지능이 100가지 이상의 하위 능력으로 구성되었다고 제안하였다. 이것이 학계에 널리 알려진 지능에 대한 구성요소모형이다. 일명 SOI(Structure of Intellect, 지능의 구조)라고 불리는 길포드의 구성요소모형은 지능을 3가지 차원과 180개의 요인(예: 초기120개에서 180개로 증가)으로 설명한다. 세 가지 차원에는 내용(content), 조작(operation), 산출(product)이 있고 각각의 차원 별로 5개(내용), 6개(조작), 6

개(산출)의 하위 요인들이 있어 이들이 상호 결합하여 얻어지는 180개(5*6*6＝180)의 하위 요인들(능력)이 궁극적으로 지능을 구성하게 된다. 창의성 연구에서 SOI가 주목받았던 것은 길포드가 지능을 구성하는 180개 하위 요인 중 하나로 제안한 확산적 생산성(divergent production)이 창의성의 본질적인 속성으로 간주되고 있기 때문이다. 오늘날 많은 사람들이 확산적 사고(divergent thinking)로 알고 있는 확산적 생산성은 수렴적 생산성(사고)와 대비되는 개념으로 여러 가지 방식(방향)으로 사고하는 능력을 가리킨다. 즉, 한 가지 고정되고 고착된 방식으로 생각하고 문제를 풀기보다 정해진 가정이나 방안없이 분산적으로 사고할 수 있는 능력이 확산적 사고이다. 여기에서 중요한 것은 생각의 고착없이 유연하게 다각적으로 사고할 수 있다는 것이다. 확산적 생산성 요인이 창의성의 본질적인 속성과 관련이 있다고 생각되는 이유는 창의성이 한 가지 정답이 아닌 다양한 아이디어 속에서 발현될 수 있다고 믿기 때문이다. 다시 말해서, 누구나 예측하고 기대하고 제안할 수 있는 뻔한 한 가지가 아니라 남들이 생각하지 못하는 여러 갈래의 아이디어 중에서 누구도 쉽게 제시할 수 없는 새롭고 참신하며 기발한 해결책이 숨어 있다는 것이다. 이것이 바로 창의성이다.

길포드는 인간의 고유한 능력의 하나인 지능을 설명하는 모형

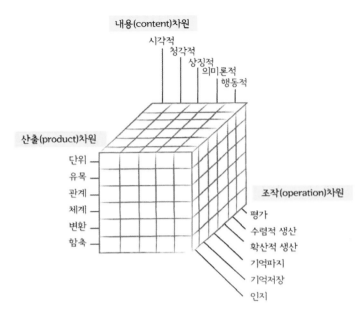

내용(content)차원
시각적
청각적
상징적
의미론적
행동적

산출(product)차원
단위
유목
관계
체계
변환
함축

조작(operation)차원
평가
수렴적 생산
확산적 생산
기억파지
기억저장
인지

길포드의 SOI모형의 예

을 제안하면서 창의성의 핵심 특성인 확산적 생산성(사고)을 하위 요인으로 포함함으로써 창의성을 지능의 하위 능력으로 인식하는 데 공헌하였다. 이는 창의성의 본질적인 속성을 이해하는 데에도 많은 영향을 미쳤을 뿐만 아니라 지능과 창의성 간의 관계를 설명하는 데에도 중요한 가정을 제공하였다. 길포드의 모형을 기반으로 추측해볼 수 있는 것은 인간의 지능이 창의성을 포함하고 있다는 것이다. 길포드의 SOI에 포함된 확산적 생산성을 창의성의 핵심 능력으로 가정하고 창의성 연구를 평생 동안 진행한 학자가 토렌스이다.

1-2. 토렌스의 창의성에 대한 인식

창의성을 이야기하면서 토렌스를 빼놓을 수 없을 만큼 토렌스는 창의성 연구의 대부(代父)라고 불린다. 그는 1960년대에 창의성을 "불협화음이나 부조화 상황에서 문제를 인식하고 발견하며 해결하는 과정과 관련된 것으로 이 모든 과정에 대해서 의사소통 할 수 있는 능력"으로 정의하면서 이를

엘리스 폴 토렌스(1915-2003)

창의성에 대한 연구 정의(research definition)라고 지칭하였다. 그가 말하는 연구 정의란 무엇일까? 추측해보건대, 창의성을 경험적으로 연구하기 위해서 기반으로 삼아야 하는 개념적인 이해로 해석해볼 수 있다. 다시 말해서, 창의성의 본질적인 속성을 한마디로 단언하기보다 창의성이라는 개념을 경험적 그리고 사회과학적으로 연구하기 위해서 창의성의 발현 과정을 정의한 것으로 볼 수 있다. 그의 연구 정의에서 주목할만한 내용은 다음의

세 가지이다. 첫째는 창의성이 불안정적이고 부조화와 불협화음이 있는 불편한 상황에서 시작된다는 것이다. 이는 창의성이라고 하면 쉽게 떠오르는 불안하고 부정적인 이미지와 중첩된다. 창의적인 사람들은 남들이 괜찮다고 생각하고 특별히 문제가 없다고 생각하는 상황에서도 문제가 있다고 인식한다. 이와 같은 이유로 우리는 창의적인 사람들을 까다롭고 예민하며 정서적으로 불안정하다는 식으로 부정적으로 바라본다. 토렌스는 이처럼 남들이 통상 느끼고 생각하지 못하는 문제를 인지하는 능력으로부터 창의성이 시작된다고 믿었던 것이다.

둘째, 문제에 대한 인식은 구체적으로 문제를 발견하게 하고 발견된 문제를 해결하는 것으로 마무리된다. 이때 창의성이 관여한다는 것이 토렌스의 생각이다. 창의성의 핵심은 인식하고 발견된 문제를 이전과는 다르게 그러나 쓸모 있게 해결하는 능력이다. 문제를 해결하는 과정에 상상력과 독창성, 직관력과 통찰력, 직면한 상황에서 실제적으로 도움이 될만한 기능적인 사고를 할 수 있는 능력 등이 창의성의 본질적인 속성과 관련이 있다.

마지막으로 문제해결을 위한 전 과정을 의사소통하는 능력이 창의성을 정의하는 데 포함되었다는 점은 사실 놀랍다. 왜냐하면 의사소통능력은 필자가 오늘날 가장 중요하게 생각하는 개인적 역량이자 재능의 하나인데 이를 창의성을 설명하는데 핵심이 되는 능력으로 이미 인식했기 때문이다. 그것도 1960년대에서 말이다! 의사소통능력이 포함되었다는 것은 창의성이 개인 수준의 새롭고 독창적인 문제 해결로 끝나는 것이 아니라 타인과 집단, 조직과 사회, 나아가 국가와 문화권 내에서 가치를 인정받고 활용될 수 있도록 설득하는 과정과 능력이 창의성에서도 중요하다는 것을 의미한다. 창의성을 궁극적으로 타인과 사회와 공유하는 과정으로 마무리함으로써 토렌스는 창의성의 본질을 개인 차원을 넘어 사회문화적 맥락 안에서 완결되는 것으로 인식한 것이다. "역시 토렌스!"라고 마음 속으로 외쳤던 기억이 있다. 필자가 대학에서 개설하는 창의성 관련 수업에 토렌스의 연구 정의는 빠지지 않고 등장한다. 그가 설명하는 창의성의 의미를 되짚어보면서 그가 그리고 믿었던 창의성을 그는 어떻게 측정하고 진단하려 했는지 궁금해진다.

1-3. 토렌스가 개발한 창의성진단검사

토렌스의 연구 정의를 꽤나 길게 설명한 것은 이제부터 이야기할 토렌스 창의성진단검사(The Torrance Tests of Creative Thinking: TTCT)를 위해서이다. 토렌스가 창의성 연구의 대부로 인정받는 데 가장 큰 공헌을 했다고 해도 과언이 아닌 TTCT는 토렌스가 이해하고 있는 창의성의 본질을 측정하는 검사도구이다. TTCT의 영문명을 살펴보면 검사를 지칭하는 test가 단수가 아닌 복수 "tests"이다. 왜 단수가 아닌 복수인지 의아해하는 사람들도 있을 것이고 많은 경우, 특별히 주의를 기울여 단수인지 복수인지 신경 쓰지 않고 사용하는 것이 사실이다. TTCT에는 두 가지 유형의 검사가 있다. 하나는 언어형이고, 다른 하나는 그림형이다. 그래서 검사가 복수로 제시되어 있는 것이다. 그런데 TTCT라고 하면 당연히 그림 검사로 생각한다. 그만큼 그림형이 보편적으로 사용되고 있는 전 세계적으로 널리 알려진 토렌스 검사이다.

TTCT는 확산적 사고에 기반하여 개발된 창의적 사고 검사이다. 측정하는 내용이 창의적으로 사고하는 능력이기 때문에 사고를 확산적으로 하는 과정을 담아내는 하위 요인(능력)들이 검사를 구성하고 있다. 토렌스는 길포드의 영향을 받아 확산적 사고를 창의적 사고의 핵심 능력으로 이해하고 이를 측정하고 진단하는 검사도구를 개발하였다. 앞서 기술한 것처럼 확산적 사고란 한 가지 정답으로 모아지는 수렴적 사고의 반대되는 개념으로 복수의 다양한 사고를 할 수 있는 능력을 말한다. 따라서 한 가지 정해진 답으로 귀결되는 것이 아니라 여러 갈래로 뻗어가는 유연하고도 변화 가능한 사고를 가정하고 있기에 새롭고 독창적인 창의적 사고의 특성을 잘 반영하고 있다고 토렌스는 믿었던 것이다. 이에 기반한 검사가 TTCT이다.

(1) TTCT 그림형

TTCT의 대표적인 검사 유형인 그림 검사를 먼저 간략하게 소개하고자 한다. 첫째, 창의적 사고를 구성하는 핵심적인 요인으로 검사는 유창성, 독창성, 정교성, 제목의 추상성, 성급한 종결에 대한 저항의 다섯 가지 능력을

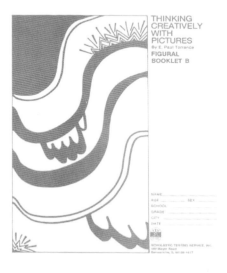

TTCT 그림형 검사 표지

포함하고 있다. 검사는 세 가지 하위 과제(문항)에 대해서 각각 10분씩 총 30분의 응답 시간을 주는데 먼저 유창성은 주어진 시간 내에 얼마나 많은 아이디어를 낼 수 있느냐에 관한 것이다. 독창성이란 제안한 아이디어 중 얼마나 새롭고 독창적인지를 평가하고, 정교성은 아이디어가 얼마나 구체적이고 섬세한지 살펴본다. 응답자는 하위 과제를 구성하는 자극(세부 문항)에 대해서

그림으로 응답한 후 그림을 설명하는 제목을 기술해야 하는데 제목의 추상성은 기술한 제목이 응답을 얼마나 추상적으로 설명하는지에 관한 것이다. 마지막으로, 성급한 종결에 대한 저항은 개방형으로 제시한 자극을 성급하게 막아버리는(종결하려는) 성향을 얼마나 가지고 있는지를 측정한다. 이처럼 다섯 가지 핵심 요인들을 창의적 사고를 구성하는 능력으로 인식한 토렌스는 이외에도 "보너스 점수"라는 명목으로 13개의 창의적인 특성(강점, creative strengths)을 측정하였다. 이들 13가지에는 경계선 넘기, 유머 감각, 3차원적으로 생각하기, 운동감(이동성), 상상력, 환상(공상) 등이 포함된다. 각각의 하위 능력들이 어떻게 점수화되고 보너스 점수가 어떻게 반영되는지에 대해서는 여기에서 설명하지 않으려 한다. TTCT만을 설명하는 책이 아니기도 하지만 검사 매뉴얼을 보면 검사도구 자체에 대한 설명이 상세히 기술되어 있기 때문이다(Torrance, 1966, 1974 참조).

그러나 필자가 우리 독자들에게 조금 더 상세히 설명하고 싶은 것은 TTCT가 측정하고 진단하고자 하는 개인의 창의적 사고 능력이란 구체적으로 무엇이며 이것이 창의성과 어떠한 관계가 있느냐 하는 것이다. 확산적 사고는 한 가지 방식으로 생각과 행동이 귀결되는 것이 아니라 여러 가지 다양한 사고와 행동의 가능성을 가정한다. 따라서 아이디어의 수와 관련이 있는 사고 과정에서의 유창성을 그것의 시작으로 간주한다. 왜냐하면 창의적 사고는 제시할 수 있는 아이디어가 기본적으로 많아야 가능하기 때문이다. 두 번째 요소인 독창성은 창의적 사고의 정수(精髓)이다. 그러나 검사에서 가정하고 있는 것은 독창성 역시 다양한 아이디어가 있을 때 가능하며 유일무이한 독창적인 아이디어를 만들어낼 수 있는 것이 아니라 여러 아이디어들 중 독창적인 것이 포함되어 있다는 것이다. 이 때 독창성은 남들이 흔히 생각하지 못하는 새로운 것으로 빈도가 현저히 낮은 것을 독창적인 것으로 간주한다. 왜냐하면 제시된 아이디어의 빈도가 높다는 것은 누구나 일반적으로 생각하는 아이디어를 의미하기 때문에 낮은 빈도의 아이디어가 독창적인 것과 관련이 있다는 것이다.

필자가 TTCT에서 검사 자체의 창의성이 돋보인다고 생각하는 부분은 사실 유창성과 독창성보다 나머지 세 가지 하위 요인들이다. 정교성과 추상성의 경우, 많은 사람들이 창의성의 본질로 생각하지 않는다. 창의성은 아이디어를 구체적이고 섬세하게 제시하는 것과는 관계가 없다고 생각하기 쉽다. 그러나 토렌스는 창의적인 사람일수록 자신의 생각을 정교화시킬 수 있다고 믿었다. 대략적인 생각을 내놓는 것이 아니라 구체적으로 자신의 아이디어를 상세히 표현할 수 있다는 것이다. 그러나 제시된 아이디어는 누구나 알 수 있고 수긍할 수 있는 단순 명료한 구상적인 것이 아니라 추상적인 사고에 기반하여 나온 것이어야 한다. 이 것이 바로 제목의 추상성에 관한 것으로 창의성이 추상적인 사고로부터 발현될 수 있다는 토렌스의 인식이 반영된 것이다.

마지막 다섯 번째 요인인 성급한 종결에 대한 저항 역시 필자로 하여금 "와우(wow)"의 탄성을 불러일으켰다. 우리는 일반적으로 열려있는 것을 닫으려는 경향이 있다. 이에 대한 경험적인 증거를 찾기는 쉽지 않지만 실제적인 증거로 생활에서의 경험을 이야기할 수 있다. 토렌스는 창의적인 사람들은 열려있는 것을 닫지 않으려는 성향이 강하다고 보았고 이를 저항(resistance)으로 표현하였다. 그리고 닫으려는 성향 역시 성급한 종결 (premature closure)로 지칭했는데 그가 이를 부정적으로 인식했음을 알 수 있다. 성급한 종결에 대한 저항은 개방성과 연관이 있다. 창의적인 사람들은 개방적인 사고와 행동을 하는 것으로 보고된다. 개방성은 경직되지 않은 유연성과도 관련이 있고 유연성은 다양한 사고와 행동(예: 유창성)을 가능하게 하기도 한다. 다양성이 전제되지 않고서는 기존의 것과는 다르고 남들이 생각하지 못하는 새로운 무언가를 만들어낼 수 없다. 이와 같은 이유로 토렌스는 유창성, 독창성, 정교성, 추상성, 종결에 대한 저항 (개방성)을 창의적 사고의 핵심 하위 능력들로 인식하였고 이를 검사에서 측정하는 확산적 사고의 세부 요인들로 포함하였다. 이

외에 추가된 13가지 창의적 강점들 또한 창의성과 창의적인 사람들을 이야기할 때 거의 매번 등장하는 특성들이다. 창의성이 가지고 있는 다차원적이고 복합적인 속성을 고려했을 때 13가지의 특성들을 창의적 강점으로 포함하여 보너스 점수를 부가할 수 있도록 한 것은 토렌스의 창의성과 지혜의 반영이라고 생각한다.

(2) TTCT 언어형

또 다른 유형인 언어 검사는 다섯 가지의 과제를 글(이들 중 3개는 상황을 그림으로 함께 제시)로 제시하여 응답자들이 자신의 생각을 기술하도록 하고 있다. 다섯 가지의 과제는 우리가 실제 상황에서 경

TTCT 언어형 검사 표지

험할 수 있는 일들을 가정해보고 그것을 해결하기 위한 반응을 통해서 창의성을 측정한다. 언어형도 그림형과 마찬가지로 확산적 사고에 기반하여 개인의 창의적 사고 능력을 측정하는데 그

림형과 다른 점은 유창성, 독창성, 유연성의 세 가지 하위 능력만을 측정 요인으로 포함하고 있다는 점이다. 그림 검사와 마찬가지로 유창성은 아이디어의 개수이고 독창성은 남들이 생각해내지 못하는 새로움과 참신함이 핵심이다. 마지막으로 유연성은 사고가 경직되거나 특정한 것에 고착되어 있지 않고 부드럽고 자유롭게 휠 수 있다는 의미로 앞서 설명한 개방성과 연관이 있다.

언어 검사의 경우, 반응(응답)의 수로 유창성을 측정하고, 내용에 대한 질적 평가를 독창성과 유연성을 통해서 진행하기에 사실 채점이 쉽지 않다. 쉽지 않다는 말은 주관적이 될 수 있다는 것인데 물론 그림 검사 역시 채점이 결코 쉽지 않지만 필자의 경험에 의하면, 언어 검사가 보다 더 주관적이 될 수 있는 것 같다. TTCT의 그림 및 언어 유형 모두 응답자가 어떻게 그림을 그리고 언어로 기술할지 예측할 수 없기 때문에 응답자의 반응을 채점하기 위해서 반드시 채점자의 전문성과 경험이 필요하다. 채점자는 창의성에 대한 전문 지식을 가지고 있어야 할 뿐만 아니라 TTCT라는 검사의 특징, 검사 개발자인 토렌스의 창의성에 대한 생각, 그리고 그가 검사를 개발한 의도와 목적 등을 충분히 이해하고 있어야 한다. 언어형의 경우, 채점의 주관성이 문제가 될 수 있고, 그림형도 채점자의 자의적이고 비일관적인 평가와 함께 그림을 잘 그리는 사람에게 유리할 수 있다는 비판이 지속적으로 제기되어 왔다. 그럼에도 불구하고 TTCT는 아동부터 성인까지 동일한 문항들로 창의적 사고 능력을 측정할 수 있고 연령(학년)대별로 규준을 참조할 수 있는 표준화된 검사 도구이기에 창의성을 사회과학적으로 진단하고 연구할 때 가장 많이 사용되는 지필 검사이다. 특히, 통상적으로 언어 검사들이 가지고 있는 단점인 응답자의 어휘력과 독해력 수준에 구애 받지 않고 그림을 통한 자극과 반응을 통해서 창의적 사고 능력을 측정하고 진단하고자 했던 토렌스의 천재성은 존경받아 마땅하다. TTCT는 바로 창의성 그 자체라는 생각이 든다.

TTCT는 창의성, 보다 정확히는 창의적 사고 능력을 측정하는 검사 도구로 확산적 사고력을 바탕으로 개인의 창의성을 진단한다. 토렌스는 TTCT를 개인의 창의성을 "창의적이다"거나 "창의적이지 않다"는 식으로 진단하여 결론 내리기 위한 검사 도구가 아닌 "창의적인 잠재성"을 측정하고 진단함으로써 향후 개인이 지속적으로 창의적인 수행과 활동을 할 수 있도록 도와주는 자료로 활용해야 한다고 제안하였다. 따라서 TTCT 결과는 개인의 창의적 특성과 수준에 대한 진단을 넘어 창의성 계발과 교육에 도움이 되는 정보로 고려되어야 한다. 창의적 사고 능력에 기반한 창의적 잠재성에 대한 정확한 진단은 효과적인 창의성 교육을 통해서 잠재성을 실제 수행이나 결과물로 발전시키는 데 필요하다. 이것이 바로 창의성과 창의적 잠재성을 진단하는 이유이다.

4 이선영 교수의 네 번째 창의성 이야기
창의성의 대부, 토렌스

창의성의 대부, 토렌스(이하 토렌스 박사님으로 지칭)는 창의성을 공부하고 연구하는 사람들에게는 참 특별한 학자이다. 필자에게도 박사님은 남다른 의미가 있다. 필자가 박사 학위를 취득한 곳이 미국에 있는 조지아대학교인데 그 곳은 토렌스 박사님이 1966년 교육대학 교육심리학과 교수로 부임하여 2003년 생을 마감할 때까지 몸담았던 곳이다. 미국으로의 유학을 준비하면서 여러 대학교를 살펴보던 중 영재교육과 창의성 교육이 교육심리학과의 주요 세부 전공으로 포함된 학교가 조지아 대학교가 유일했다. 당시 창의성이나 창의성 교육에 대해서 거의 들어본 적이 없었던 필자가 조지아 대학교를 선택한 몇 가지 이유가 있었는데 그것의 첫 번째는 영재교육을 공부하고 싶어서였다. 사실 창의성 교육은 필자의 관심사가 아니어서 조지아대학교의 교육심리학과에 토렌스 박사님이 계셨는지, 그 분이 창의성의 대가인지, 창의성 교육이 왜 그 곳에서 성장하게 되었는지에 대한 배경 지식과 정보를 유학 당시 가지고 있지 않았다. 그러나 결과적으로 조지아대학교에서 공부를 했던 것은 필자에게는 정말로 운이 좋았고 감사한 일이었다. 그리고 그 중심엔 박사님과 그의 마지막 제자이자 필자의 지도교수였던 크래먼(Bonnie Cramond) 교수님이 있다.

창의성과 창의성 교육을 처음으로 접하게 된 건 첫 학기 지도교수님의 "창의성 이론" 수업을 들었을 때였다. 크래먼 교수님은 토렌스 박사님의 마지막 박사 제자였다. 창의적인 학자였던 크래먼 교수님은 자신의 멘토인 토렌스 박사님의 연구와 학문적 업적을 계승했을 뿐만 아니라 당시 80세가 넘은 고령에 홀로 생활하셨던 박사님을 개인적으로도 살뜰히 챙기셨다. 필자가 공부를 시작한 1998년 가을에 토렌스 박사님은 이미 교수직을 은퇴하시고 명예교수로 대학에 계셨는데 영재/창의성 교육 전공 학생들은 수업을 통해서 박사님을 만날 수 있었다. 첫 학기 때 처음 들었던 "영재교육개론"과 "창의성 이론" 수업은 대표적인 전공 과목이자 영재교육과 창의성 교육 이론의 바탕이 되는 매우 중요한 수업이었다. 그리고 이들 수업 시간에 (가장) 중요한 인물로 토렌스 박사님이 등장했던 것이다. 필자가 정말로 운이 좋았다고 생각하는 건, 당시 박사님이 건강하게 대학 근처에서 사셨기 때문에 박사님의 댁을 두 번이나 방문할(현장 방문, field trip) 수 있었다는 것이다. 특히 창의성 이론 수업을 들으면서 책과 지도교수님을 통해서 알게 된 토렌스 박사님은 당시 대학원 학생인 필자에게는 너무나 크고 멀게만 느껴졌던 대가였다. 물론 지금도 그렇다.

이제는 20년이 훌쩍 지난 일이 되어버렸지만 토렌스 박사님 댁은 조지아대학교가 있는 에덴스(Athens)에 있었다. 정확한 주소는 기억이 나지 않지만 수업을 들었던 친구들과 삼삼오오 차를 나누어 타고 인근의 박사님 댁에 갔었던 기억이 있다. 조지아 주는 나무와 숲이 많아서 일명 녹색 주(green state)라고 불린다. 물론 복숭아가 많이 생산되는 주라서 복숭아 주라고도 하며 자동차 번호판에도 복숭아 그림이 그려져 있다. 토렌스 박사님 댁은 녹음이 우거진 곳에 있는 전형적인 에덴스 동네의 단층 주택이었는데 입구에서부터 한가로움과 평온함을 느낄 수 있었다. 거실 중앙에 있는 흔들 의자에 앉아서 학생들을 다정하게 맞아 주셨던 모습이 생생하다. 고개를 한쪽으로 기울여서 앉아 계셨던 박사님은 불편한 기색 없이 온화한 미소를 지으시면서 학생들을 소개하는 크래먼 교수님의 말씀에 귀 기울이셨다. 고개를 끄떡이시며 학생들을 한 명씩 한 명씩 바라봐 주셨던 모습을 지금도 잊을 수가 없다. 크래먼 교수님이 마치 아버지를 대하듯 안부를 여쭈었던 모습도 인상적이었다. 지도교수님의 따뜻하고 사랑스러운 인품이 느껴져서 좋았을 뿐만 아니라 이렇게 대가이신 분과 자연스럽게 대화를 주고 받으실 수 있다는 점이 많이 부럽기도 했다. 토렌스 박사님을 처음 만난 학생들이 대부분이었기에 모두들 들뜬 마음으로 박사님과의 대화 시간을 이어 나갔다. 무엇보다도 기억에 남는 것은 박사님의 경청과 존중의 태도였다. 필자를 비롯한 학생들의 질문을 끝까지 들으시고 성심성의껏 대답해 주셨던 모습, 잘 안 들리는 상황에서도 귀 기울여 학생들의 질문 하나라도 놓치지 않으려고 애쓰시는 모습, 그리고 학생들의 질문과 응답이 결코 무의미하거나 헛된 것이 아님을 상기시켜 주셨던 모습은 교수가 되어 학생들을 가르치는 필자에게 지금도 잊혀지지 않는 배움이었다. "대가의 모습은 이렇구나!" 필자는 박사님을 보면서 대가란 연구와 교육에 미치는 위대한 성취와 업적만으로 되는 것이 아니라 타인에 대한 배려와 존중, 그리고 겸손함을 모두 갖추고 있어야 가능하다는 사실을 다시금 깨닫게 되었다.

크래먼 교수님으로부터 들었던 토렌스 박사님은 매우 소탈하고 따뜻하며 긍정적인 에너지가 넘치는 분이었다. 운전을 하지 않으셨다는 박사님에게 마지막까지 라이드(ride)를 해주셨다는 사모님 팬시 토렌스(Jessie Pansy Nigh Torrance)를 기리며 박사님이 80세가 되던 해에 출간한 "Why fly?"는 박사님의 인간미와 함께 창의성 연구자로서의 신념과 열정을 잘 담아낸 책이다. 책의 제목은 미국 작가 리처드 바크(Richard Bach)의 유명한 소설(우화) "갈매기의 꿈(원제: Jonathan Livingston Seagull)"을 빗대어 지은 것이라고 한다. 나는 방법을 배우는 것(learning to fly)이 얼마나 중요한지 언급하면서 책의 서문에서 박사님은 우리 모두가 날 수 있는 방법을 배우기를 희망한다고 말한다. 조나단 리빙스톤이 지루함과 두려움, 그리고 분노 때문에 갈매기의 삶이 짧다고 느꼈지만 이에 굴하지 않고 보다 길고 좋은 삶을 갈구했던 것처럼 날 수 있는 방법을 배움으로써 독자들이 또 다른 조나단 리빙스톤이 되기를 박사님은 소망했다. 고단한 비행에 지치지 않고 꿈과 이상을 찾아 비상하는 갈매기가 될 것을 독려했던 토렌스 박사님은 창의적인 사람들이 경험하고 감내해야 하는 삶의 과정이 결코 녹록치 않음을 누구보다도 잘 알고 있었다. 왜냐하면 그 자신도 굉장히 창의적인 사람이었기 때문이다.

필자가 공부를 시작했을 당시 토렌스 박사님은 이미 현직에서 은퇴하셨기 때문에 아쉽게도 박사님과 연구를 통해서 직접적으로 교류하지는 못했다. 그러나 창의성을 공부하고 연구하면서 접하게 된 박사님의 방대한 연구 업적들을 통해서 평생 창의성이라는 주제와 창의성 연구에 얼마나 몰입하고 강한 소명 의식을 가지셨는지 알게 되었다. 특히 1950년대 미네소타대학교 재직 시절부터 2000년대 초반까지 수행한 장기 종단연구는 박사님의 창의성 연구에 대한 열정과 헌신을 가장 잘 보여준 예라 할 수 있다. 장기종단연구는 초등학교나 중등학교 시기에 연구에 참여한 학생들을 8년, 16년, 22년, 30년, 40년 그리고 50년이 지난 시기까지 계속 추적하는 연구였기에 참여자들을 지속적으로 관리하여 연구에 참여시키는 일이 매우 중요하다. 2020년대를 살고 있는 우리는 장기종단 연구를 수행하는 방법으로 인터넷을 통한 방안들(예: SNS, 카톡, 이메일 등)을 쉽게 떠올릴 수 있다. 그러나 박사님이 연구를 처음 시작했던 1950년대 후반이나 1960년대 초반을 생각해보자. 어떻게 연구가 진행되었을까? 당연히 우편 조사가 첫 번째 자료수집 방안이었다. 연구를 수행해본 사람이라면 누구나 알겠지만 연구 참여자를 연구에 계속 남게 하는 것은 정말 어렵다. 왜냐하면 연구에 참여할 수 없는 이유가 참여해야 하는 이유보다 훨씬 많기 때문이다. 다양한 사람들의 다채로운 사연들을 고려하자면 지속적으로 참여할 수 없는 천차만별의 이유가 존재하는 것은 당연한 일인지 모른다. 크래먼 교수님 말씀에 따르면 토렌스 박사님은 사비를 들여서 연구를 수십 년 동안 지속했다고 한다. 물론 연구비로 지원받은 부분도 있겠지만 반세기 가깝게 연구를 진행하기 위해서 연구자가 투자한 물리적 재원뿐만 아니라 시간과 노력 등을 생각해보면 연구에 대한 신념과 열정 그리고 사랑 없이는 불가능한 일을 박사님은 해낸 것이다. 박사님의 연구들을 통해서 창의성 발달에 영향을 미치는 요인들을 더 많이 알게 되었고 무엇보다도 어린 시절 잠재적 수준의 창의성을 측정하고 진단하는 것이 가능하다는 사실을 다시금 확인하게 되었다.

이 책을 쓰면서 필자의 연구실에 있는 책장에서 여러 창의성 책들과 함께 가지런히 놓여 있었던 "Why fly?"를 다시금 꺼내어 읽어보았다. 책의 첫 장을 넘기는 순간 힘없는 글씨체

WHY FLY?

토렌스의 저서인 "Why fly?" (상)와
박사님의 자필서명 (하)

로 "Dr. Seon Young Lee", "E. Paul Torrance"라는 서명을
발견하였다. 순간 '아차!' 하는 생각과 함께 감동이 밀려왔다.

까마득하게 잊고 있었는데 학생 때 수업 시간 현장 방문에서 뿐만 아니라 박사학위를 받은 이후에도 뵌 적이 있음을 알게 되었다. '박사과정 학생일 때 박사님을 조금 더 자주 뵈었다면, 더 많은 말씀을 듣고 배움의 기회가 주어졌다면…' 하는 진한 아쉬움이 있다.

1970년대에 렌쥴리(J. Renzulli, 현존하는 영재교육의 대가)가 영재성을 설명하는 이론적 모형을 제안한 후 이를 학술 저널에 투고했는데 계속 "게재 불가" 판정을 받아서 속상해 하며 토렌스 박사님께 하소연 했다고 한다. 게재 불가의 이유가 여러 가지가 있었겠지만 일반적으로 학계의 전문가들은 기존의 것에서 (많이) 벗어나는 아이디어를 한번에 받아들이지 않는 경향이 있다. 당시 토렌스 박사님이 렌쥴리에게 "나는 당신보다 훨씬 더 많이 게재 불가 판정을 받았소"라고 이야기하며 위로와 격려를 했다고 한다. 결국 렌쥴리 모형은 박사님이 추천해준 저널에 투고 및 최종 게재되어 현재 영재성을 설명하는 이론적 모형 중 가장 많이 사랑받고 인용되는 모형이 되었다. 토렌스 박사님의 창의적인 아이디어들이 전통적으로 보수적인 학계의 사람들로부터 얼마나 많은 질타와 비난을 받았을지 짐작이 간다. 박사님의 창의적인 업적은 1984년 조지

아대학교에 설립된 토렌스창의성센터(현재는 토렌스 창의성
및 재능계발센터, The Torrance Center for Creativity and
Talent Development로 지칭)를 통해서 기려지고 있다. 필자
도 박사과정 시절 센터의 연구 조교로 일한 적이 있었는데,
참으로 운이 좋았던 그저 감사한 경험이라고 생각한다.

1-4. 이선영의 글로벌재능진단검사와 창의성 진단

필자는 1998년 가을학기 미국에서 처음으로 창의성과 창의성
교육을 공부하였다. 창의성을 처음 접하고 관련 연구와 교육을
하면서 가장 많이 받았던 질문이 "창의성이란 무엇인가요?"이고
그 다음 질문이 "창의성을 어떻게 측정하나요? 측정할 수 있는
검사 도구 좀 알려주세요"이다. 그만큼 우리는 창의성이 무엇인
지 그리고 이를 어떻게 측정할 수 있는지 궁금해한다. 그런데 창
의성 연구자와 교육자로 창의성을 한 마디로 정의하기란 여전히
어려운 것이 사실이며 창의성에 대한 명확한 개념적 이해 없이
창의성을 어떻게 측정하고 진단하는지 이야기하는 것도 필자에
게는 쉽지 않았다. 적어도 상당 기간 동안 그렇게 생각했었다.

그러던 중 2017년에 창의성 진단검사를 개발하기 시작하였다. 창의성 공부를 시작한 지 거의 20년만이었다.

2017년에 창의성 진단검사를 개발하게 되었던 것은 중등학생들의 재능을 다각적으로 측정하고 진단하는 글로벌재능진단검사(이하 i+3C검사)를 개발하면서부터다. 필자가 재직 중인 서울대학교 교육학과 교육심리전공 박사과정 학생들과 함께 2018년에 개발 완료한 i+3C검사는 미래사회에 필요한 학생들의 재능을 다각적으로 진단하려는 목적으로 기획되었는데 글로벌 시대에 필요한 재능을 지성(intelligence), 창의성(creativity), 인성(character), 개성(communication)의 네 가지로 선정하였다. 검사가 약칭 i+3C로 불리는 이유는 각각의 재능을 대표하는 영문의 첫 자를 따서 한 개의 i와 세 개의 c를 조합했기 때문이다. 특별히 세 개의 c를 대문자 C로 표기한 것은 글로벌 시대에 필요한 재능 중 무엇보다도 중요한 것이 이들 세 가지 c로 시작하는 재능이라고 믿고 있기 때문이다. 이제부터 i+3C 중 재능의 한 가지 유형으로 포함된 창의성을 측정하고 진단하는 검사 문항들과 그것의 구성 내용을 간략하게 소개하고자 한다.

창의성이란 무엇인가? 이 질문에 대한 즉답을 하는 대신 필자는 다음과 같이 자문해보고자 한다. "개인의 창의성을 진단하는 데 어떠한 특성들을 고려해야 할까?" 이 질문에 대한 생각을 정리해서 개발한 것이 i＋3C창의성 영역이다. 무엇보다도 창의적인 사람들은 남들과 구별되는 성향을 가지고 있다. 창의적 성격이나 행동 특성을 측정하는 심리 검사들의 문항들을 살펴보면 일반적으로 창의적인 저명인들이 보이는 특성들을 포함하고 있다. 때로는 너무나 많은 특성들이 나열되어 있어 '이 모든 것들을 가지고 있어야 창의적인 사람인가?'라는 생각마저 들게 한다. 필자는 이들 중 다섯 개의 성격 특성들을 선별하여 창의적 성향 문항들을 구성하였다. 두 번째로 창의성의 하위 요인으로 포함된 것은 아이디어 생성능력이다. "창의적인 사람들은 아이디어가 많다"라는 전제하에 자극을 제시하고 이에 대한 응답을 자유롭게 기술하게 함으로써 다양한 아이디어를 만들어낼 수 있는 능력을 측정하기 위해서이다. 세 번째는 원격연합능력이다. 창의성을 설명하는 주요 특성 중의 하나인 원격연합능력은 관련이 없을 것 같은 아이디어들을 연합하는 능력이다. 가령, "$1+1=2$, $2+2=4$, $4+4=?$"의 질문에 대해서 8이라고 응답한다. 공식을 통해서 관련성이 쉽게 예측되기 때문이다. 소위 말하는 뻔한 질문이자 뻔한 응답이다. 원격연합능력은 이와는 달리 통상적으로 연결이 되지 않을 것 같은 아이디어들 간의 연합이다. 보통 '어떻게 관련이 있지? 왜 이러지? 말도 안되는 조합이야…'처럼 생각하다가 반응에 대한 설명을 듣고 난 후 그제서야 "아하, 그렇군!" 무릎을 치게 되는 것이 원격연합능력이다. 즉, 일반적으로 관련성이 없다고 생각되는 것들을 새롭고 독창적인 방식으로 연결하여 궁극적으로 수긍이 가는 연합으로 인정받을 수 있도록 하는 것이다. 창의성의 핵심 능력이라 할 수 있다.

현재 i+3C검사는 중등학생용뿐만 아니라 초등학생용(저학년용과 고학년용)도 개발되어 사용되고 있다. 특히 창의성 영역 중 아이디어생성능력과 원격연합능력은 그림으로 자극을 제시하고 이를 그림과 글로 반응하게 함으로써 언어형 검사가 가지고 있는 문제점인 어휘력과 문해력 수준이 검사 결과에 미치는 부정적인 영향을 최소화하고자 하였다. 필자가 창의성 검사를 개발할 수 있었던 것은 20여 년 동안 창의성을 공부하고 연구하면서 창의성이란 도대체 무엇인지, 개인(학생)의 창의성을 어떻게 진단해야 하는지, 초등학생들의 창의성을 진단하는 것이 가능한지, 창의성의 정수(精髓)를 어디에서 찾을 수 있는지, 창의성을 가장 잘 드러내는 특성이나 능력은 무엇인지 등과 같은 질문을 끊임없이 던지고 이에 대한 해법을 찾기 위해서 고민하면서 나름대로의 생각을 정리해왔기 때문이다. 그동안 창의성 측정과 진단검사에 대한 문의가 많았는데 i+3C검사를 통해서 필자가 생각하는 창의성의 모습을 조금이나마 구현해낼 수 있어서 뿌듯하고 기쁜 마음이다. 왜냐하면 개인적으로 창의성 검사 개발은 필자에게는 끝내지 못했던 숙제와도 같았기 때문이다. "창의성은 도대체 무엇인가요?"라는 질문에 대한 필자의 응답은 다음과 같다. "아마도 i＋3C검사의 창의성 영역을 구성하는 내용과 문항에서 찾을 수 있지 않을까요?"

이 검사는 제시된 그림을 관찰하고 아이디어를 떠올리는 과제입니다.

i+3C검사지(상)와 문항 샘플(하)

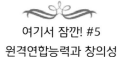

원격연합능력으로 창의적 사고를 측정하는 검사도구 중 가장 잘 알려진 것이 미국의 저명한 심리학자 Mednick부부 (S.A. Mednick & M.T. Mednick)가 1959년과 1962년에 개발한 The Remote Associates Test(RAT) 성인용 검사다. 이어 1971년에 고등학생용도 개발되었다. Mednick부부는 특정 자극에 대한 노출이 의식적인 지침이나 의도없이 연이어 나타나는 자극에 대한 반응에 영향을 미치는 현상을 가리키는 연합(상) 프라이밍(associative priming)을 연구하면서 개인의 창의적인 잠재 능력을 측정하는 RAT를 개발하였다. 가령, 고양이, 소파, 구름 중 동물 개 다음에 연상되는 단어를 고르라고 하면 우리는 당연하게 "고양이"를 외친다. 의사 하면 간호사, 엄마 하면 아빠, 선생님 하면 학생이 떠오르듯이 말이다. RAT는 이렇게 당연한 반응을 거부하면서 창의적인 사고를 하는 사람일수록 근접하지 않은 곳에서 해답을 찾는다고 설명한다. 예를 들어, room(방), blood(피), salt(소금) 다음에 연상되는 단어로 bath(욕조)를 상상할 수 있을까? Dust(먼지,

닦다, 붓다), cereal(시리얼), fish(물고기) 다음에 연상되는 단어로 bowl(사발, 그릇)을 쉽게 생각해낼 수 있을까? 분명 쉽지 않은 연상 작용이며 창의적으로 생각하지 않으면 불가능해 보인다.

원격연합능력은 통상적으로 가지고 있는 생각이나 누구나 할 수 있는 생각의 틀에서 벗어나 한번씩은 거꾸로 또는 뒤집어서 생각할 수 있을 때 가능하다. 멀리 있는 아이디어들 간의 새로운 연합이 이루어지려면 절차를 따르는 순차적인 생각보다 단계를 뛰어넘는 통찰력을 필요로 한다. 필자가 원격연합능력을 창의성의 주요 하위 능력으로 강하게 믿는 이유도 바로 여기에 있다. 원격연합능력은 새로운 연합 자체를 설명하기보다 그것의 기저를 설명할 수 있는 강점이 있다. 독창적인 사고와 행동이 가능한 이유는 무엇일까? 흔히 말하는 뻔한 사고와 행동 절차와 방식을 따르지 않기 때문이다. 이 경우, 뻔하지 않은 절차와 방식이란 무엇일까? 관련이 없을 것 같은 것들을 이유있게, 쓸모있게, 합당하게 그리고 수긍할 수 있도록 새롭게 연결할 수 있는 능력이 아닐까? 창의성의 핵심 포인트인 독창성과 유용성의 일면을 모두 갖추고 있는 것이 원격연합능력이라는 생각이 든다.

5 이선영 교수의 다섯 번째 창의성 이야기
i+3C검사, 더 하고 싶은 이야기

　필자에게 창의성 진단검사를 개발하는 것은 결코 쉽지 않았다. 사실 검사 개발을 시작하는 것 자체가 어려운 결정이었다. 이 책을 읽고 있는 많은 독자들처럼 필자도 나름대로 생각하는 창의성이 분명 있었다. 새롭고 독창적이고 기발한 생각이나 남들과 다른 고유하고 유별난 아이디어! 굳이 말로 설명하지 않더라도 창의성 하면 떠오르는 이미지나 사람들도 있었다. 필자가 좋아하는 예술가, 우리 생활을 편리하게 바꿔준 발명가와 과학자, 뒤늦게 관심을 갖게 된 건축가 등, 말보다는 필자가 머릿속에서 그려보는 사람과 사물들이 필자에게 창의성을 이미 설명하고 있었다. 그런데 창의성 개념을 탐구하는 심리학자가 아닌 창의성 교육의 필요성과 당위성을 역설하는 교육(심리)학자 입장에서 검사 개발은 항상 무거운 과제였다. 우리 독자들에게 앞서 i+3C검사를 간략하게 소개했는데 지금부터는 검사 개발 과정과 검사에 대한 필자의 못다한 이야기를 조금 적어보고자 한다.

　검사라고 하면 먼저 딱딱하다는 생각이 든다. 딱딱하다는 것은 친숙하지 않고 앞으로도 친숙하지 않을 것 같음을 의미한다. 왜냐하면 검사를 통해서 우리 자신의 무언가를 수치화하는 것은 생각만 해도 불편하고 때로는 겁나는 일이기 때문이다. 무언가에 의해서 평가받는다는 것은 그리 유쾌한 경험도 아니다. i+3C검사에서 창의성은 글로벌재능의 한 가지로 3C 중 하나이다. 그런데 왜 지성인 i를 맨 앞에 놓았는지 궁금해하는 독자들이 있을 것이다. 필자가 바라보는 인지능력(지성)은 글로벌 사회의 구성원, 나아가 리더가 되기 위한 충분 조건은 아니지만 필요 조건이며(그래서 소문자로 표기) 3C와 일정 부분 관련이 있고 상생해야 하는 재능이기 때문이다. 가령, 지능과 창의성 간의 관계를 문지방 이론(threshold theory, 초기에 토렌스에 의해서 제안됨)으로 설명했던 심리학자들은 일정한 수준의 지능 지수(IQ 100~120 정도)가 창의성과 정적인 상관 관계를 보인다고 주장하였다. 다시 말해서, 지능이 높을수록 통상 창의성도 높을 수 있지만, 대략 IQ 120 이상이 되면 개인에 따라 창의성은 달라진다는 것이다. 필자가 i를 3C 앞에 놓은 이유이다.

3C의 핵심은 창의성과 의사소통능력이다. 필자는 특별히 마지막 의사소통능력을 리더십의 핵심 요인으로 믿고 있다.

다시 창의성 이야기를 하자면 필자는 창의적인 성격과 기질적인 특성이 존재한다고 생각한다. 그것이 타고난 것이냐 길러지는 것이냐에 대해서는 솔직히 잘 모르겠다. 그리고 그다지 중요한 문제는 아니라고 본다. 왜냐하면 타고난 기질이든 변하는 성격이든 두 가지가 늘 공존하며 인간의 특성을 이야기할 때 유전과 환경의 이슈는 항상 따라오는 문제이기 때문이다. 한 개인의 창의성을 설명하기 위해서 기질과 성격이 한 부분을 이루고 있을 것이다. 그래서 창의적 성향을 창의성을 구성하는 첫 번째 요인으로 포함하였다.

i+3C검사의 창의성 재능을 설명하는 두 번째 요인은 아이디어 생성능력이다. 창의적인 아이디어가 되기 위해서는 일단 아이디어 자체가 있어야 한다. 그런데 여기에서 논쟁거리가 생긴다. 아이디어를 많이 낼 수 있는 것이 중요한지 아니면 많지는 않더라도 소수지만 기가 막히게 창의적인 아이디어를 내는 것이 중요한지에 관한 것이다. 창의성 연구자들은 일단 많은 아이디어를 내는 것이 중요하다고 주장한다. 왜냐하면 확률적으로 아이디어가 많이 있을 때 그 중에서 쓸모 있는 독창적인 아이디어를 건질 수 있다고 생각하기 때문이다. 창의적인 사고 증진을 위한 방안들도 한 개가 아닌 여러 개의 답

이 있음을 가정하는 확산적 사고를 기르기 위한 것들이 대부분이다. 정말로 창의성은 다다익선(多多益善)의 공식을 따르는 것일까? 다다익선의 관점에서 보면, 무수한 시행착오를 거쳐야 창의성을 계발하고 실현할 수 있을 것 같다. 아이디어를 많이 낼 때 실(實)한 것과 허(虛)한 것 모두가 있는데 궁극적으로 창의성이 흔하지 않은 것임을 고려했을 때 허한 것이 대부분일 것이기 때문이다. 어떻게 보면, 지극히 소수에 불과한 실한 것을 발견하고 이를 끊임없이 갈고 닦아서 정교화시키는 과정이 창의성 계발 과정일지도 모른다. 이와 같은 이유로 아이디어를 많이 생각해내고 만들어낼 수 있는 아이디어 생성능력은 창의성에서 매우 중요하다.

마지막 창의성 구성 요인으로 원격연합능력을 포함하였다. 창의성 자체를 잘 설명할 수 있는 원격연합능력은 독창성을 가장 잘 드러내는 능력이기도 하다. 흔히 "어떻게 이런 생각을 할 수 있지?"하며 의아해할 때 아이디어를 낸 당사자는 나름대로 논리적이고 합당한 이유가 있다. 이면에 담긴 이유를 듣고 비로소 우리는 "아하, 그렇구나!" 동의할 수 있게 된다. 남들이 생각하지 못하는 조합을 가까운 곳(또는 것)에서 찾지 않고 멀리서 찾았기 때문에 처음에는 이해가 안되고 때로는 말도 안된다고 생각할 수 있지만 듣고 보면 논리적으로 수긍이 가는 기발한 조합과 연상을 만들어내는 능력이 바로 창의성의 진수일 수 있다. 원격연합능력은 단순히 엉뚱하고 기발한 조합을 넘어 논리적으로도 설명이 가능해야 한다. 따라서 원격연합능력에서 인지능력을 완전히 무시할 수 없는 것이 사실이다.

위에서 기술한 세 가지 하위 능력에 대해서 i+3C검사 창의성에서는 창의적 성향과 유창성, 독창성, 정교성의 네 가지로 개인의 창의성을 진단한다. 먼저 창의적 성향에는 상상력, 모험심, 독창성, 유머감각, 비순응성이 포함되어 있다. 유창성, 독창성, 정교성은 각각 창의적인 사고와 관련된 것으로 얼마나 많은 수의 아이디어를 생각하고 만들어 낼 수 있는지(유창성), 만들어낸 아이디어가 얼마나 새롭고 독특한지(독창성), 그리고 아이디어를 얼마나 섬세하고 정교하게 제시할 수 있는지(정교성)을 측정한다. 창의적 성향은 자기보고식 5점 척도로 응답하기에 별도의 질적인 평가가 필요하지 않지만 창의적 사고 능력에 대한 반응들은 전문가의 질적인 평가가 반드시 필요하다. 이를 위해서 필자의 대학원 연구실에서는 매년 2번, 학기가 끝나는 방학 기간(8월과 2월) 중에 채점을 위한 연습과 훈련을 5~6시간씩 진행하고 있다. 창의성 개념과 검사 문항에 대한 이해가 검사 채점의 전제 조건이 되기 때문에 문항에 대한 반응들을 반복해서 채점 연습한 후 실전으로 다시 채점하여 일정 기준치(상위 5% 이내, 거의 만점에 가까운 채점 능력)를 충족시켜야 창의적 사고능력 응답에 대한 채점이 가능하도록 자격을 부여하고 있다.

창의성과 함께 필자가 i+3C검사에 야심차게 포함한 재능은 의사소통능력이다. 의사소통능력이 그렇게 중요한 재능이냐고 의문을 제기할 수도 있겠지만 필자는 이를 리더십(leadership)의 가장 중요한 자질 중 하나로 믿고 있다. 이에 리더십의 핵심인 의사소통능력을 3가지 C 중 하나로 포함한 것이다. 리더십을 재능으로 인식하고 공부하기 시작한 것은 필자가 미국에서 박사후과정연구원으로 일했을 때부터였다. 우연한 기회에 영재교육프로그램의 하나인 시민의식교육프로그램을 연구하게 되면서 시민의식교육이 지향하는 개인의 리더십 함양에 대한 필요성과 중요성에 대해서 알게 되었다. 그러면서 리더십이 인지능력이나 창의성 못지 않게 미래 사회에서 매우 중요한 재능이라고 믿게 되었고, 우리나라로 돌아와서 재능계발교육을 이야기하면서도 지속적으로 학생들의 리더십 재능 발견과 계발의 필요성을 강조하였다. 사실 리더십이 시의적절하게 발휘되기 위해서는 창의성이 반드시 필요하다. 기존에 해왔던 방식대로 똑같이 반복적으로 생각하고 판단하고 결정하고 행동한다면 리더가 필요 없을지도 모른다. 리더란 보다 나은 생각과 행동으로 사람들을 설득하고 이들의 마음을 얻어 전향적으로 개인과 집단을 이끌어갈 수 있어야 한다. 이 경우, 새롭고 유용한 해결책과 비전을 제시할 수 있는 "창의적인" 리더에 대한 요구와 기대는 당연히 생긴다. 필자는 리더십이 어떠한 재능보다도 중요하고 특히 미래 사회에서 개인이 갖추어야 할 기본적인 역량임에도 불구하고 그것의 가치가 충분히 인정받지 못하고 있다고 생각한다. 이에 i+3C검사를 만들면서 리더십(의사소통능력)을 지성, 창의성과 동등한 수준의 재능으로 강조하고 싶었다.

i+3C검사는 필자의 연구와 교육, 그리고 재능계발교육의 방향성에 대한 신념이 많이 반영된 검사도구이다. 필자의 지도하에 서울대학교 교육학과 교육심리전공 박사과정학생 7인의 피땀 어린 노력으로 개발된 본 검사의 이름은 "글로벌재능진단검사"로 약칭으로 아이 플러스 삼시(i+3C)이다. 지성, 창의성, 인성(본 장에서는 인성 부분에 대한 설명은 생략함),

의사소통능력의 첫 영문자로 만들어진 i+3C의 영문 철자와 발음은 필자가 미국 생활을 마치고 한국으로 돌아와서 처음으로 가졌던 애마(자동차), H사의 i30(아이 삼공)에서 착안하여 만들었다. 필자는 너무나도 자연스럽게 검사를 처음부터 "아이 플러스 삼시"로 불렀는데 전공 학생들은 처음에는 "쓰리(three) 시(C)"로 검사를 지칭해서 혼자 웃었던 기억이 있다. 리더십의 L을 포함하고 싶었지만 의사소통능력의 C를 포함함으로써 첫 번째 자동차였던 i30을 영원히 추억하고 싶은 마음이 있었다고 하면 지극히도 개인적인 애정과 욕심이 반영된 것이라고 할 수 있을까? 그러나 한 가지 또 다른 이유도 있다. 필자는 리더십을 글로벌 재능의 하나가 아닌 i+3C의 완결로 보고 싶었다. 네 가지 재능 중의 하나가 아닌 이들을 모두 아우르는 것이 리더십, 바로 창의적 리더십이며 이것이 글로벌 재능의 정수이자 완성이라고 필자는 믿고 있다. 글로벌재능진단검사, i+3C는 이렇게 필자에게 많은 의미가 있는 검사도구이다.

Q1. 창의성은 측정이 가능한가요?

네, 창의성은 측정 가능합니다. 물론 이는 제 생각이고 이에 대해서 동의하지 않는 사람들도 있을 것입니다. 창의성을 연구하는 교육학자로서 저는 창의성의 측정 및 진단 가능성을 믿습니다. 정직하게 말하면, 믿어야만 했고 지금은 더 많이 믿습니다. 창의성은 계발 가능하기 때문에 합리적인 진단은 창의성 계발을 위해서 반드시 선행되어야 합니다. 그런데 복잡하고 이해하기 어려운 창의성을 어떻게 측정하고 진단할 수 있을까요?

무엇보다도 창의성에 대한 끊임없는 공부와 이해가 반드시 필요하다는 점을 재차 강조하고 싶습니다. 창의성이란 무엇인지에 대한 이해없이 창의성을 어떻게 측정할 수 있을까요? 창의성을 측정하려면 창의성의 어떤 부분을 어떻게 측정하려는 것인지 명확히 이야기할 수 있어야 합니다. 무엇을 측정하는 것과 함께 중요한 것은 '어떻게 측정하는가'입니다. 창의성을 창의적인 사람들의 특성이나 성향이라고 믿는다면 측정 요인은 바로 창의적인 사람들의 특성이나 성향이 될 것입니다. 이를 측정하기 위해서 창의적인 사람들을 직접 만나 인터뷰해서 이를 분석하거나 창의적인 사람들에 대한 사례 분석을 진행할 수 있습니다. 뿐만 아니라 문헌에 보고된 창의적인 사람들의 특성들을 간추려서 자기보고식 검사의 문항들로 구성하여 개인이 얼마나 이와 같은 특성들을 보이고 있는지 평가할 수도 있습니다. 만약 창의성을 과정으로 인식한다면, 사고능력을 측정하기 위해서 제가 개발한 것과 같은 검사도구를 사용하거나 실제로 창작활동을 하는 과정을 관찰하면서 평가할 수도 있습니다. 창의성이 눈에 보이는 결과물로 완성되어야 한다고 믿는다면, 결과물이 얼마나 창의적인지에 대한 평가를 해야 합니다. 이 때 평가를 하는 사람이 창의성의 무엇을 중요하게 생각하고 창의성을 어떻게 인식하는지가 평가의 핵심 요인이 될 것입니다. 가령, 유창성, 독창성, 유연성, 정교성, 추상성 등은 전통적으로 창의성을 구성하는 핵심 요인들로 주요 측정 및 평가 요인이 될 수 있습니다.

정리해보자면, 창의성이 무엇이고 창의성의 어떠한 측면을 측정, 평가 및 진단해야 하는지에 대해서 여러 이야기들이 있을 수 있지만 그동안 창의성은 창의적인 사람, 과정, 수행 및 결과물을 통해서 논의되어왔습니다. 이를 바탕으로 사람, 과정, 수행 및 결과물을 어떻게 측정 및 평가할 것인지의 문제는 학계뿐만 아니라 창의성을 궁금해하는 많은 사람들에게도 주요 관심사였습니다. 창의성처럼 눈에 보이지는 않지만 우리들만의 고유한 특별한 재능을 측정하려 할 때 무엇보다 중요한 것은 창의성의 무엇을 볼 것이며 이것을 가장 효과적으로 드러내는 방법이 무엇이냐는 것입니다. 창의성의 속성상 한 가지 방식으로는 측정이 불가능합니다. 반드시 다양한 방식으로 다각적으로 측정해야 합니다.

Q2. 공부를 잘하는 학생들은 모두 창의적이라고 할 수 있나요?

아니요, 공부를 잘한다고 반드시 창의적이지는 않습니다. 위 질문에 대해서 그럴 것 같기도 하고 안 그럴 것 같기도 하다고 생각하는 분들이 많이 있을 것 같습니다. 제 답변도 그동안 학계에서 보고된 수많은 경험적 연구 결과들뿐만 아니라 실제 생활 속 경험을 반영한 것이라고 할 수 있습니다. 창의적인 학생들과 공부를 잘하는 학생들은 비슷하기도 하지만 두드러지게 구별되는 특성들을 가지고 있습니다. 창의적인 사람, 특히 창의적인 업적을 이룬 위인들의 이야기 속에는 학교를 좋아하지 않고 학교 생활에 적응을 잘하지 못하며 학교 공부에 두각을 드러내지 못하는 사례들이 많이 있습니다. 뿐만 아니라 학교 현장에서 직접 학생들을 만나고 가르치는 선생님들도 창의적인 학생들과 공부를 잘하는 학생들을 조금은 다르게 이해하고 있는 것으로 연구들은 보고하고 있습니다.

창의성 교육을 연구하는 학자들도 창의성과 학습 우수성(영재성)을 다른 개념으로 정의하고 창의적인 학생들과 공부를 잘하는 학생들이 종종 양립할 수 없는 특징들을 보이고 있다고 말합니다. 가령, 창의적인 학생들은 일반적으로 학교 공부에서 요구하는 태도와 기대와는 다르게 사고하고 행동한다는 것입니다. 아무래도 자신이 좋아하고 싫어하는 것이 분명하고 주관이 뚜렷해서 동년배들 사이에서 소위 말하는 튀는 학생으로 낙인되기도 합니다. 학교에서 수동적으로 선생님의 가르침을 받아 따르고 반복하는 학습보다 자신이 좋아하는 공부나 과제에 적극적으로 몰입하면서 참여하기 때문에 자신의 관심사나 흥미와는 거리가 있는 학교 공부를 소홀히 할 수밖에 없습니다. 따라서 창의적인 학생들이 학교에서 반드시 우수한 학업 성취를 보인다고 할 수는 없습니다. 오히려 반짝반짝한 아이디어가 많고 순발력이 뛰어나며 전체 맥락을 꿰뚫어볼 수 있는 통찰력을 가지고 있어 학교 공부 역시 잘할 것 같지만 실제로 기대 수준에 못 미치는 경우가 많이 있습니다. 이와 같은 이유로 창의적인 사람들, 특히 성인이 되어 창의적인 성취를 이룬 사람들은 대부분은 자신의 학창 시절을 재미없고 힘들고 지루하며 심지어 자신의 창의성 발현에 (전혀) 도움이 되지 않은 시기로 회상하곤 합니다.

종합해보건대, 창의적인 학생들이 과거와 오늘의 학교 학습 상황에 최적화된 특성들을 가지고 있다고 보기는 어렵습니다. 오히려 학교 공부와 생활에 반하는 태도와 행동을 보이는 경우가 많을 수 있습니다. 그렇다면 반대로 공부를 잘하는 학생들은 모두 창의적이라고 할 수 있을까요? 반드시 그렇지는 않습니다. 다시 말해서, 공부를 잘한다고 반드시 창의적이라고 할 수는 없습니다. 학교 공부도 잘하면서 창의적이면 더할 나위 없이 좋겠지만 사실 공부를 잘하는 학생들 중에는 주어진 과제를 수동적으로 잘해내는 학생들이 매우 많습니다. 물론 공부를 잘하는 학생들 모두가 그렇다는 이야기는 아니지만 자유롭고 도전적으로 사고하고 위험을 감수하면서 행동하기보다 공식에 따라 안정적이고 논리적이며 예측 가능하게 생각하고 행동하며, 변화를 이끌기보다 현재에 순응하면서 생활하는 경향이 많습니다. 학교 생활을 모범적으로 해나가고 학교 공부에서 우수한 성적을 보이는 학생들의 다수가 이처럼 규칙적이고 안정적이며 순응하는 방식을 선호하기 때문에 그동안 연구자들은 학교에서 공부를 잘하는 학생들과 창의적인 학생들을 조금은 다르게 인식해왔습니다. 실제로 교실과 학교 현장에 있는 교사를 비롯한 교육 전문가들도 많은 부분 이와 같은 연구자들의 구분에 경험적으로 공감하기도 합니다.

학교 공부를 잘하는 학생들과 창의적인 학생들이 물과 불처럼 서로 양립할 수 없는 특성만을 가지고 있는 전혀 다른 유형의 학생이라고 할 수는 없습니다. 그럼에도 학교 공부와 창의적인 과제는 학생들에게 조금은 다른 사고 방식과 유형 및 능력을 요구하는 것이 사실입니다. 어떤 것이 보다 더 가치롭다고 말할 수는 없겠지만 본질적으로 가정하거나 중요시하는 사고와 행동에 다름이 있기에 현재 학교 교육에서 공부를 잘하는 학생들이 반드시 창의적이라고 말하기는 어려울 것 같습니다.

Q3. 창의적인 사람들은 외롭고 고독하게 살아야 하나요?

아니요, 반드시 외롭고 고독하게 살지는 않습니다. '왜 이런 질문을 하는 것일까?' 의아해하는 독자들이 있을 것입니다. 이유는 우리가 창의성이나 창의적인 사람들에 대해서 가지고 있는 선입견 중의 하나가 창의적인 사람들은 혼자 있기를 좋아하고 고독하며 외롭게 지낸다는 것이기 때문입니다. 정말 그럴까요? 실제로 창의적인 위인들을 생각해보면 소위 말하는 사회성이 뛰어난 사람들로 쉽게 떠올려지지 않는 것이 사실입니다. 창의적인 사람들에 대한 이미지는 자신의 일에 극도로 집중하고 몰입해서 주위의 시선을 의식하지 않는 자기 주장이 강하고 타협을 잘하지 못하는, 그래서 때로는 독선적이면서도 주위에 따르는 사람들이 없는 괴팍한 외톨이와 비슷합니다. 실제로 우리에게 너무나 잘 알려진 창의적인 예술가나 과학자들을 떠올릴 때면 이들은 성격이 모나지 않아 친구나 주위에 사람들이 많은 그런 사람들은 아닙니다. 창작에 대한 열정과 영혼을 불태우고 창의적인 고민과 번뇌를 반복하는 예술가가 우리에게는 꽤나 친숙합니다. 이에 더하여 창작의 고통 때문에 괴로워하고 식음을 전폐하며 우울해하고 급기야 극단적인 선택까지도 하는 드라마틱한 예술가들의 삶을 우리는 무수히 많은 책과 영화를 통해서도 보고 들어왔습니다.

숲길을 산책하는 베토벤(1770-1827)
(율리우스 슈미트 作 '산책하는 베토벤')

예술가들은 밝고 명랑하고 사교적인 사람들과는 거리가 먼 외롭고 고독한 창작인의 모습으로 그려집니다. 무언가를 발견하고 발명하는 천재적인 과학자들의 모습도 별반 다르지 않습니다. 베토벤이 아침을 먹고 나면 산책을 했다고 알려진 오스트리아 빈에 있는 하일리겐슈타트의 산책길, 귓병을 앓고 있었던 베토벤이 음악과 인생의 고락을 생각하면서 산책했다고 알려진 베토벤의 숲길은 왠지 모르게 창의적인 천재의 외로움과 쓸쓸함을 제대로 보여주고 있는 듯합니다. 아름답지만 한적한 숲길을 따라 뒷짐을 지고 산책하는 악성 베토벤의 모습은 창의적인 위인이 감내해야 하는 삶의 고독함과 종종 동일시되는 것이 사실입니다.

창의적인 사람들은 고독을 즐기며 혼자만의 세계에서 살고 있는 외로운 사람이라는 생각은 우리에게 많이 알려진 지극히 소수의 창의적인 천재의 삶의 일면을 통해서 만들어진 이미지가 아닌가 생각해봅니다. 비슷한 이유로 창의적인 사람들이 내향적이라고 많이들 생각합니다. 그런데 재미있는 사실은 창의적인 어린 아동의 경우는 에너지가 넘치고 산만하며 호기심이 많고 활달한 외향적인 모습으로 떠올려진다는 것입니다. 창의적인 아이와 어른에 대한 이미지가 왜 이렇게 달라지는 것일까요? 아마도 창의성과 창의적인 사람들에 대해서 우리가 마음 속 깊이 가지고 있는 생각이 달라서가 아닐까요?

창작 활동과 창의적인 수행을 위해서 혼자만의 시간은 당연히 필요합니다. 그러나 창의적인 성향을 가지고 있고 창의적인 작업을 하는 사람들이 언제나 반드시 혼자 있는 것을 좋아하고 다른 사람들과 어울려 지내지 못하는 외로운 사람들은 아닙니다. 오히려 타인과 조직과 함께 창의적인 과업을 수행해야 하는 오늘을 사는 우리들에게 창의성은 또 다른 사회성을 요구합니다. 자신의 창의성과 창의적 성과물을 타인과 조직, 사회에 제대로 보여주고 나눌 수 있는 공감과 설득 그리고 카리스마를 포함하는 사회성을 필요로 합니다.

Q4. 창의적인 사람은 외향적인 사람들인가요?

아니요, 반드시 외향적이지는 않습니다. 앞서 이야기한 외롭고 고독한 창의적인 사람들의 이미지와는 반대로 창의적인 사람들을 밝고 활달하고 열정적이며 에너지가 넘치는 외향적인 사람들로 생각하는 이들도 꽤나 많이 있습니다. 이렇게 두 가지 상반되는 견해가 팽팽히 맞서고 있는 것이 사실입니다. 재미있게도 우리의 삶에 중요하고도 긍정적인 영향을 미친 창의적인 저명인이나 위인들의 삶을 분석해보면, 이들이 외향적이기보다 오히려 내향적인 특성을 더 많이 가지고 있음을 발견하게 됩니다. 외향적인 사람들이 창의적일 것 같은데 오히려 그렇지 않은 경우가 많은 것은 왜 그럴까요?

앞서 기술한 것처럼 교실에서 만나는 창의적인 학생들은 전형적인 모범생의 이미지와는 다릅니다. 수업 시간에 질문이 많고 호기심이 많은 학생, 아이디어도 무궁무진하고 가끔씩 친구들이 생각해내지 못하는 번뜩이는 것을 제시하는 학생, 또래 친구들이 하지 않는 무모한 도전과 새로운 시도를 과감히 하는 학생, 수업 시간에는 집중하지 못하고 공부에 관심이 없는 것처럼 보이지만 자신이 좋아하는 일에 빠지면 쉽게 헤어나오지 못하는 학생, 에너지가 넘치고 열정적이어서 주의력 집중에 어려움을 겪고 있는 학생, 친구들에게 재미있고 유머 감각이 있는 학생 등이 우리가 흔히 생각하는 창의적인 학생들의 모습입니다. 이와 같은 특성들을 모두 종합해보면 이들은 내향적이기보다 외향적인 것 같습니다.

그러나 이와는 반대로 창의적인 천재로 인정받고 있는 예술가나 과학자들을 떠올려 보면 어떨까요? 앞서 Q3에 대한 답변에서 설명한 것처럼 이들이 보여준 모습은 외향적이기보다 내향적인 성향에 더 가깝다고 말할 수 있습니다. 외롭고 괴팍한 천재 이미지의 창의적인 예술가와 과학자들은 일반인들에게는 조금은 낯설게 느껴지는 것이 사실입니다. 이것을 내향성으로 통칭할 수는 없지만 창작 활동이나 발명과 과학 기술의 혁신을 이룬 사람들은 종종 외향적이기보다 내향적인 성향을 더 많이 가지고 있습니다. 베토벤, 고흐, 피카소부터 우리에게 동시대인으로 많이 친숙한 스티브 잡스와 빌 게이츠, 마크 주커버그에 이르기까지 우리는 내향적이면서 사회성이 떨어지는 천재들의 이야기에 많이 익숙해져 있죠. 그러나 내향적인 것과 사회성이 떨어지는 것은 반드시 일치하지 않습니다. 창의적인 천재들은 자신이 좋아하는 일을 하는 것을 너무나 좋아하고 자신의 일에 극도로 몰입하기 때문에 타인과 사회적 시선을 비롯한 자신의 일 외의 것에는 그만큼 관심을 두지 않는 것이 아닐까요? 이들의 미숙한 대인관계와 사회생활은 이들을 수줍음이 많고 혼자 있기를 좋아하며 자신의 내면 속에서 동기와 에너지를 얻어내는 내향적인 사람들로 낙인 찍고 있습니다. 여기에서 간과해서는 안되는 사실은 우리 사회가 내향성과 내향적인 사람들에 대해서 가지고 있는 편견이 있다는 것입니다.

내향적인 사람들은 혼자 있기를 좋아하고 자신의 내면으로부터 동기와 에너지를 얻으며 문제에 대해서 예민하고 신중하게 반응하면서 끈기를 가지고 문제 해결을 도모합니다. 이들은 때로는 집착에 가까운 완벽주의 성향을 가지고 있는 것으로도 알려져 있습니다. 이와 함께 내향적인 사람들은 수줍음을 많이 타고 낯을 가려서 타인과의 관계 형성과 지속에 어려움을 겪어 사회 생활에 적응을 잘하지 못하는 것으로 오인 받기도 합니다. 이와 같은 이유로 많은 경우, 내향적인 사람들은 사회적으로 긍정적인 평가를 받지 못하고 있습니다.

저는 2020년 "Encyclopedia of Creativity"라는 창의성 책에서 "창의성과 내향성"이라는 주제의 장(챕터, chapter)을 집필했습니다. 책의 편집장인 Mark Runco박사가 저를 저자의 한 명으로 추천하면서 창의성과 내향성에 관한 주제를 다루어 줄 것을 제안해왔습니다. 사실 창의성과 관련된 성격 특성을 다룬 연구들 중 내향성에 관한 것은 거의 없습니다. 창의성에 관한 대표적인 책의 저술 작업에 참여하는 것 자체가 좋아서 바로 응답했지만 내향성 주제가 거의 다루어진 적이 없었기에 저술에 앞서 내용의 흐름과 방향성을 잡는 데 고민을 거듭했던 기억이 있습니다. 저술 준비 작업의 첫 번째 단계는 내향성의 개념에 대한 개관이었고 이어 창의적인 사람들의 성격 특성 중 내향성이 얼마나 많이 언급되고 연구되었는지 살펴보는 것이었습니다. 예상대로 문헌에 보고된 내용 중 창의성을 계발하고 발현하는데 필요한 개인 특성으로 내향성을 언급한 것은 거의 없었습니다.

그렇다고 이와는 반대로 외향성이 창의적인 사람들의 주된 특성으로 자주 언급된 것은 아닙니다. 다만, 창의적인 사람들의 다수가 외향성과 내향성 중 외향적인 성향을 더 많이 보이고 있다는 보고와 주장들이 많을 뿐입니다. 대표적인 예가 개인의 성격 특성을 내향성 대 외향성을 비롯한 네 가지 준거(나머지 세 개는 감각형 대 직관형, 사고기반 대 감정기반, 판단형 대 지각형)를 바탕으로 16가지로 유형화하는 마이어스–브릭스 유형 지표(Myers–Briggs Type Indicator: MBTI)에서 창의적인 사람들은 외향성 대 내향성 범주에서 외향성이 우세하게 나타나는 것으로 알려져 있습니다. 그럼에도 저는 오늘날 창의성의 가치를 크게 인정하는 수·과학기술공학, 일명 STEM(과학 science, 기술 technology, 공학 engineering, 수학 math) 분야에서 세계적으로 저명한 창의적인 혁신가들을 떠올리면서 이들이 정말로 외향적인 사람인지 궁금해졌습니다. 가령, 스티브 워즈니악(스티브 잡스와 애플 컴퓨터의 공동 창업자), 빌 게이츠, 마크 주커버그의 사례만 보더라도 이들은 외향적이고 사회성이 뛰어난 사람이라기보다 내향적인 기질의 CEO로 잘 알려져 있습니다. 뿐만 아니라 우리가 너무나 잘 알고 있는 창의적인 천재들은 내향적인 사람들이 많았습니다. 베토벤, 모차르트, 카프카, 셰익스피어, 버지니아 울프, 아인슈타인,

간디, 마이클 잭슨, 엠마 스톤(오스카 수상 여배우), 독일의 메르켈 총리 등 다양한 분야의 저명인들은 거의 모두 내향적인 사람들이었습니다. 그렇다면 창의성은 내향성과 더 밀접한 관련이 있는 것일까요?

저는 창의성과 내향성에 관한 북챕터를 쓰면서 다음을 강조했습니다. 창의적인 사고 과정이 내향성과 외향성 모두를 필요로 하고 있고 사고 단계에 따라서 내향성과 외향성 중 보다 더 두드러지게 나타나는 성향이 있다는 것입니다. 가령, 창의적인 사고 과정을 간단하게 준비, 부화(인큐베이션), 조명[아하(aha)의 순간], 검증의 단계로 이해할 때 창의적 사고 유발에 결정적인 부화와 조명 단계에서는 내향적인 성향을 강하게 요구할 것입니다. 이에 반해, 검증의 단계에서는 외향적인 성향을 보다 더 필요로 합니다. 부화와 조명의 단계는 무의식과 의식의 세계가 공존하며 특히 기존에 축적한 지식과 정보 및 경험들이 무의식적으로 연결되어 새로운 연합을 가능하게 하기 때문에 혼자만의 시간과 고민, 나아가 내면화 과정이 필요합니다. 이 때 내향성이 긍정적인 역할을 할 수 있습니다.

반면 새로운 연합을 통해서 생성된 아이디어가 개인적 수준으로 독창적인 것으로 끝나는 것이 아니라 타인과 조직 및 사회에 유용한 독창적인 아이디어가 되기 위해서는 과학적 그리고 실용적 검증을 통해서 그것의 가치를 인정받을 수 있도록 아이디어를 잘 팔 수 있어야 합니다. 다시 말해서, 타인의 마음을 움직일 수 있는 능력이 필요한데

이 때 외향적인 성향이 요구되고 빛을 발휘할 수 있습니다. 2022년 오늘은 개인 수준의 창의성을 넘어 타인과 조직, 사회와 국가에 영향을 미치는 보다 전문적인 수준의 창의성이 필요한 때입니다. 스티브 워즈니악과 빌 게이츠, 마크 주커버그는 내향적인 사람들로 알려져 있습니다. 그러나 이들이 창의적인 혁신가이자 성공한 CEO로 인정받고 우리 사회에 도움을 주는 창의적인 업적을 이룰 수 있었던 것은 이들의 독창성을 유용하게 만들어주는 데 일조한 보다 외향적이고 사회성이 뛰어난 동료와 멘토가 있었기 때문입니다. 내향적인 스티브 워즈니악, 마크 주커버그, 마이클 잭슨은 각각 스티브 잡스, 셰릴 샌드버그(페이스북의 최고운영책임자, COO), 퀸시 존스를 만나면서 자신의 내향성과 부족한 사회성을 보완할 수 있었습니다(자세한 내용은 Lee, Min, & Kim, 2020 참조).

III. 창의성 계발 이야기

창의성은 길러지는 것일까?

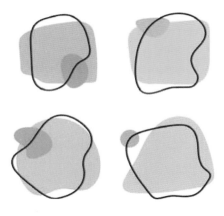

핵심어: 교사, 또래 친구, 멘토, 멘토링, 부모

"창의성은 길러질 수 있을 것 같습니다.
지능과 비교만 해봐도 창의성에 대해서
사람들은 위화감을 덜 느끼고 있습니다.
그런데 창의성이 정말로 길러지는 것인지 잘 모르겠습니다.
왜냐하면 창의성은 여전히 계발하기가 어려운
나와는 관계가 없는 특별한 능력이라는 생각이 들기 때문입니다."

창의성은 계발이 가능한가? 필자는 가능하다고 생각한다. 단, 오랜 시간이 걸린다. 앞서 다루었던 창의성이 무엇인지 그리고 어떻게 측정하고 진단해야 하는지가 중요한 이유는 창의성 계발과 교육을 위해서 반드시 정리해야 하는 문제이기 때문이다. 창의성 계발은 그만큼 녹록치 않은 과정을 거쳐 창의적인 수행이나 결과물로 완성될 수 있다. 창의성 계발과 발현이 어떠한 과정을 통해서 이루어지는지 부모로 대표되는 가정환경 요인부터 교사와 또래 친구관계를 포함하는 학교요인들을 중심으로 살펴보기로 한다.

1. 가정에서 창의성을 어떻게 기를 수 있을까?

1-1. 부모와 함께 발견하고 키워가는 아이의 창의성

창의성 발견과 계발 과정에서 중요한 한 사람을 꼽으라고 하면 누구일까? 이를 위해서 창의적인 위인이나 저명인들의 삶을 분석하거나 회고한 문헌들을 살펴보면 단연 부모가 가장 중요한 역할을 하는 것으로 나온다. 부모가 어떻게 아이의 창의성을 기르는 데 공헌하는지 몇 가지 사례를 통해서 살펴보고자 한다.

(1) 앨버트 아인슈타인과 부모님

앨버트 아인슈타인(중)과 아버지(좌), 어머니(우)

앨버트 아인슈타인(Albert Einstein), 이름만으로도 창의적 천재로 각인되고 있는 일반 상대성 이론의 창시자이자 노벨 물리학상 수상자인 아인슈타인은 전기기술관련 사업을 했던 아버지의 영향을 받아 자연스럽게 과학의 세계를 접하게 되었고 어린 시절 재미있는 과학 경험을 많이 했던 것으로 잘 알려져 있다. 어렸을 때부터 과학과 수학 성적은 매우 뛰어났지만 군대식 전체주의 교육과 주입식 암기 교육에 극도의 저항감을 보였다는 그는 학교에서는 당연히 반항적인 아이였다. 초등학교 성적표에 "지나치게 산만하고 성공할 가능성이 낮은 미래가 걱정되는 아이"라고 적혀 있었다고 하니 그가 학교에서 어떠한 학생으로 낙인찍혔는지 짐작 가능하다. 어린 아인슈타인은 학교를 싫어했지만 그의 부모는 그가 학습력에 문제가 있어서가 아니라 학교 공부에 대한 흥미가 없다고 생각하였고 오히려 집에서 아들이 좋아하는 것을 발견하고 계발할 수 있도록 도와주었다. 아버지는 어린 아들에게 종종 책을 읽어주었고 목요일 점심 식사 시간에 가족, 친지와 과학자 친구들과 함께 아들이 식사하면서 수학과 과학, 기술에 대한 다양한 이야기를 할 수 있는 교류의 장을 마련해주었다. 아인슈타인의 과학적 호기심은 이처럼 어린 시절 가정 교육으로부터 만들어지고 강화되었다고 할 수 있다. 특히 그의 삼촌은 어린 조카에게 까다로운 대수학 문제를 던지면서 그의 과학적 호기심을 자극하였다. 학교에서 희망이 없어 보였던 아인슈타인은 과학과 수학, 기술 분야에 대한 이야기를 집에서 어른들과 자유롭게 나누면서 훗날 천재 과학자로 성장할 수 있는 기반을 다질 수 있게 되었다.

천재적인 과학자의 모습뿐만 아니라 우리는 바이올린을 켜고 있는 아인슈타인의 사진을 쉽게 볼 수 있다. "삶의 기쁨의 대부분을 바이올린이 가져다 준다"라고까지 말했던 아인슈타인에게 음악, 특히 바이올린은 삶에서 매우 중요한 자리를 차지하였다. 피아니스트였던 어머니의 영향으로 바이올린을 배우게 되었다는 그에게 음악적 감수성과 연주 활동이 과학에서의 창의적인 영감을 고취시키고 창의적 자극을 제공해주었다는 것은 주지의 사실이다.

(2) 이세돌과 아버지

세계적인 수준의 바둑기사 이세돌, 20세에 입단 8년만에 9단에 올라 한국기원 최단 기록을 갖고 있는 그는 창의적인 바둑기사로 불리는 것이 전혀 이상하지 않을 만큼 모험을 감수하고 상대의 허를 찌르는 예측불가능한 바둑을 둔다. 혹자는 그래서 "크게 지기도 하지만 말도 안되게 크게 이긴다"(https://brunch.co.kr/@mewons/43)고 이세돌의 경기력을 표현한다. 2016년 구글 딥마인드가 개발한 인공지능 바둑 프로그램인 알파고(AlphaGo)와 5번기를 진행하는 상대로 이세돌이 선정되었던 것도 압도적인 수 읽기로 상대를 공격하는 재기발랄하면서도 공격적인 바둑을 두었기 때문이라는 사실은 익히 알려져 있다.

이세돌의 바둑 입문은 아버지로부터 시작되었다. 아마 5단의 아버지로부터 처음 바둑을 배웠고 아버지의 영향으로 형 이상훈 9단을 포함해서 가족 모두가 수준급으로 바둑을 둔다고 한다. 이세돌의 창의적 바둑은 어린 시절부터 아들의 바둑 재능을 인지하여 손수 바둑을 가르치고 9세 때 서울로 바둑 유학까지 보냈던 아버지로부터 비롯되었다고 해도 과언이 아니다. 아버지 이수오 씨는 아들에게 바둑을 가르쳤을 때 답을 가르쳐주기보다 스스로 탐색할 수 있는 시간과 기회를 충분히 제공해주었고 승패보다 과정을 강조한 교육과 생활 습관을 익히게 하였다. 이세돌이 입문 후 극심한 스트레스를 받았을 때에도 아들을 믿고 기다려준 사람도 아버지였다. 자유분방하고 개성과 고집이 센 이세돌은 "바둑은 창작을 하는 것"이라고 말한다. 천재성 뒤에 숨겨진 노력의 결과로 다듬어진 그의 창의적 바둑의 시작과 발달의 중심에는 분명 아버지 이수오 씨가 있었다(https://www.hani.co.kr/arti/sports/baduk/734995.html 참조).

(3) 스티븐 스필버그와 어머니

스티븐 스필버그(좌)와 어머니(우)

세계적인 영화감독, 거장이라는 칭호가 누구보다도 잘 어울리는 스티븐 스필버그(Steven Spielberg), 어린 시절 그가 만든 영화를 보면서 미래 사회와 우주라는 또 다른 세계를 꿈꾸었던 기억이 있다. 40년이 지난 지금 여전히 주제와 장르를 넘나들며 감독, 각본, 제작자로 활동하는 그를 보면서 그의 상상력과 창의성의 종착역은 어디일지 궁금하기까지 하다. 스필버그는 전기 엔지니어인 아버지와 예술을 사랑하는 어머니 밑에서 성장하였다. 외계 생명체를 탐색하고 구현하는 것은 그의 영화에서 빼놓을 수 없는 부분으로 어린 시절 그는 자신을 외계인처럼 묘사하였는데 공상과학 소설의 팬이었던 아버지로부터 영향을 받은 것이라고 전해진다. 1984년 우리나라에서 개봉된 영화 E.T.를 보면서 필자는 현실과 환상을 넘나들던 감독의 풍부한 상상력과 동심에 열광했었다. 외계인과 인간

사이의 공감과 우정을 그렸던 마지막 장면에서는 웃음과 눈물이 교차했던 기억이 있다. 에어컨 바람 때문에 서늘하고 어두웠던 영화관 안에서 외계인 E.T.가 어린 엘리엇을 안아준 뒤 손끝을 맞대며 말했던 "I'll be right here"[이 곳(지구)에 있을 거야]이라는 명대사는 지금도 E.T.의 목소리로 필자의 귓가에 맴돌고 있다.

스필버그의 창의성에 누구보다도 많은 영향을 미친 사람은 아들의 재능을 알아보고 아끼며 끊임없이 격려해주었던 어머니 레아 프란시스 스필버그였다. 스필버그는 어머니와 매우 친밀한 관계를 유지하였는데 레아는 아들에게 짜여진 규칙을 강요하기보다 자유를 주었다. 어머니는 아들이 어린 시절부터 놀라운 재능을 보였다는 사실을 인정하면서도 재능보다 더 중요한 것은 재능을 충분히 발휘할 수 있는 기회를 제공해주는 것이라고 믿었다. 아들이 하고 싶은 일이라면 무엇이든 할 수 있도록 자유와 자율을 보장하고 허용해주었던 어머니, 아들을 훈육하기보다 아들의 말과 행동을 경청하고 믿어주었던 어머니에게서 스필버그의 창의성의 많은 부분이 만들어진 것으로 보인다.

(4) 토마스 에디슨과 어머니

발명왕 토마스 에디슨(Thomas Edison)을 모르는 사람이 있을까? 많은 사람들에게 창의성 하면 떠오르는 과학자는 단연 에디

슨일 것이
다. 에디
슨의 삶에
어머니가
많은 영향
을 미쳤다
는 사실도
여러 책들

토마스 에디슨(좌)과 어머니(우)

을 통해서 잘 알려져 있다. 유능한 교사였던 어머니는 지나치게
활동적이고 호기심이 많으며 주의 집중하는 데 어려움을 겪었던
탓에 학교에서 이미 "어려운 학생"으로 낙인 찍혔던 어린 아들을
집에서 지도하는 홈스쿨링을 선택하였다. 에디슨이 실제로 공립
학교를 다닌 시기는 총 12주였다고 한다. 초등학교 시절부터 다
양한 주제에 관한 책을 읽으며 다방면에 걸쳐 지식을 쌓았던 에
디슨은 어머니의 홈스쿨링 커리큘럼(curriculum, 교육과정)을 바
탕으로 자기주도적으로 공부하면서 과학적 호기심과 탐구 능력
을 키워나갔다. 에디슨이 남긴 수많은 명언들이 있는데 대다수가
노력에 관한 것이다. 우리에게 너무나 잘 알려진 명언 "천재는 9
9%의 노력과 1%의 영감으로 만들어진다", "성공은 열심히 노력
하며 기다리는 사람에게 찾아온다", "나의 발명품은 한 가지 일

에 무수한 경험을 축적한 결과다. 포기는 대개 성공을 눈앞에 두고 일어난다" 등(https://lifeij.tistory.com/3364 참고)을 보면 그가 얼마나 끈질기게 노력하고 도전과 경험을 통해서 실패를 딛고 성취를 이루어 냈는지 가늠할 수 있다. 어머니는 아들이 포기하지 않고 남들의 따가운 시선을 이겨내며 자신이 관심있고 호기심 있게 바라봤던 일들을 시작하고 끝낼 수 있도록 믿어주고 기다리며 응원과 지지를 아끼지 않았던 사람이었다.

(5) 일론 머스크와 어머니

요즘 하루가 멀지 않게 뉴스에 나오는 인물이 있다. 미국 전기자동차 테슬라(Tesla)의 CEO인 괴짜 천재 일론 머스크(Elon Musk)다. 머스크의 말 한마디에 테슬라의 주가가 왔다갔다해서 투자자들이 가슴을 쓸어 내리는 날이

일론 머스크(우)와 어머니(좌)

많은데 그만큼 그는 거침없는 괴짜이자 일반인들이 통상 생각하지 못하는 프로젝트[예: 온라인 결제 서비스 회사 x.com(후에

paypal, '페이팔'이 됨), 민간 우주기업 스페이스 X, 터널을 만드는 회사 인 더 보링 컴퍼니 설립 등]를 생각해내고 실천하는 창의적 천재다. 머스크도 역시 어머니의 영향을 많이 받았다. 이혼한 가정의 홀어머니 밑에서 성장한 그를 독립적이면서 리더십 있는 아이로 키운 사람이 영양학자이자 모델인 어머니 메이 머스크다. 머스크가 10대 소년 시절 컴퓨터에 대한 관심을 키우고 있던 시기에 메이는 가족들이 남아프리카에서 캐나다로 이주하는 것을 적극적으로 추진하였다. 아들의 어릴 적 별명이 "천재 소년"이라고 말하는 메이는 아들이 자신이 첫 번째 책을 쓸 당시에 책의 내용 구성에 대한 조언을 해주었다는 일화를 공개하기도 하였다. 힘들었던 유년 시절 어머니의 낙관적인 태도가 커다란 자산이라고 말하는 머스크, 그를 비롯해서 세 자녀를 성공적으로 키워낸 비결에 대해서 메이는 "자신의 일에 최선을 다하면서 열심히 사는 모습을 보여주는 것"이라고 말한다. 70세가 훌쩍 넘은 지금도 여전히 멋진 현역 모델로 왕성하게 활동하는 어머니가 아들이 타인의 시선을 의식하지 않고 당당하고 때로는 무모하게 새로운 일에 도전하고 이를 적극적으로 추진하며 실현해 나가는 데 힘이 되었음은 두말할 필요가 없다.

(6) 이적과 어머니

가수 이적(본명: 이동준)의 어머니는 유명한 여성학자 박혜란 씨다. 세 아들을 우리나라 최고의 명문 대학교에 진학시켰고 그 아들 중 한 명이 싱어송 라이터 이적이니 어떻게 자녀들을 훈육하고 교육시켰는지 부럽고 존경스러운 마음으로 박혜란 씨에 대해서 궁금해하는 사람들이 많이 있다. 이적을 여기에서 굳이 상세히 소개하지 않더라도 잘 알려진 것처럼 1995년 그룹 패닉으로 데뷔한 이래 20년이 지난 지금도 그는 감각적이고 울림 있는 가사, 중저음으로 담백하게 불러내는 독특한 창법으로 많은 팬들을 보유하고 있는 음악가이다. 그는 우리나라 가수들 중 스캣(재즈 창법의 하나로 추임새를 그것의 한 유형으로 보기도 함)을 가장 잘 구사하는 가수라고 평가 받기도 한다. 필자 주변에도 그의 팬이 꽤 많은데 뛰어난 작곡이나 편곡 실력뿐만 아니라 감각적인 가사로 사람들에게 많은 공감을 얻어 내고 있는 것도 한 이유인 것 같다[(https://namu.wiki/w/이적(가수) 참고].

이런 이적을 길러낸 부모님, 특히 어머니 박혜란 씨는 39세라는 늦은 나이에 대학원에 진학하여 자녀들에게 항상 공부하는 모습을 보여주었다. 어머니가 공부하라는 잔소리를 하지 않았던 것을 아이들이 좋아했다고 회상하는 그녀는 자녀들에게 "자유로운 자아"를 만들어주기 위해서 어른과 대화하듯 이야기를 나누었다고 한다. 책을 많이 읽고 아이들의 호기심을 자극할 수 있는 책들을 찾아주었다는 박혜란씨는 아이들과 서점이나 도서관에 가는 것을 좋아했고 자녀들이 좋아하는 책을 직접 고르게 했다고 말한다. 뿐만 아니라 아이들은 놀 때 적성이 드러난다고 생각하여 마음껏 놀게 하고 자기 일은 스스로 알아서 하게 해주었다는 자신의 양육 노하우를 밝히기도 하였다. 어릴 때부터 음악과 작문에 비범한 재능을 보였다는 이적, 그의 시적인 음악은 아마도 어린 시절부터 어머니와 공유한 책과 자유로부터 나온 것이 아닌지 생각해본다.

2. 학교에서 창의성을 어떻게 기를 수 있을까?

학교에서 많은 시간을 보내고 있는 우리 아이들의 창의성 계발에 학교는 어떠한 역할을 하고 있고 실제로 얼마나 도움이 될까? 학교는 창의성을 기르는데 우호적일까? 일반적으로 창의적인 성향과 특성을 가지고 있는 학생들은 학교 생활에 어려움을 겪는 것으로 보고되고 있다. 우리에게 친숙한 창의적인 저명인들도 학창 시절 학교를 싫어했다는 이야기가 종종 들려온다. 왜 학교는 창의적인 학생들의 재능을 발견하고 계발시켜주는 곳이 아닌 창의적인 학생들을 환영해주지 못하는 불편한 교육의 장이 되어 버렸을까? 먼저 학교라는 공간의 주체인 교사와 학생 간의 관계를 중심으로 그것의 이유를 찾아보기로 하자.

2-1. 교사와 창의적인 학생

교사는 창의성과 창의적인 학생들을 어떻게 생각하고 있을까? 앞서 창의적 메타인지를 설명하면서 학교라는 교육환경과 맥락에서 창의성에 대한 교사의 태도와 인식에 대해서 간략하게 이야기해보았다. 교사가 학령기 아동, 다시 말해서 학생들의 창의성 발견과 계발에 가장 중요한 역할을 한다는 것을 고려했을 때 교사의 창의성에 대한 인식과 태도를 이해하는 것은 무엇보다도 중요하다. 교사는 창의성에 대해서 정말로 어떻게 생각하고 있을까?

결론부터 말하자면, 교사들도 창의성의 중요성과 창의성 교육의 필요성에 대해서 공감하고 있다. 아마도 누구보다도 창의성이 우리 교육과 사회에 얼마나 필요한지 알고 있는 사람이 교사일 것이다. 그럼에도 불구하고 교사는 왜 창의적인 학생들을 좋아하지 않는다고들 할까? 대표적인 증거로 1960년대부터 지속적으로 보고된 교사와 학생 간 관계에 대한 연구에 의하면, 교사는 창의적인 학생보다 공부를 잘하는 학생을 더 좋아한다고 보고되고 있다. 앞서 설명한대로 좋아한다는 것보다는 보다 더 편안하게 생각하고 공감할 수 있다고 이해하는 것이 적절할 것 같다. 우리 나라 교사들을 대상으로 한 필자의 연구에서도 교사가 창의적인 학생보다 공부를 잘하는 소위 모범생을 선호한다는 결과가 나타 났다(이선영 외, 2017). 교사의 학습 우수아에 대한 선호, 그리고 이와는 반대로 창의적인 학생에 대해서는 상대적으로 비우호적 일 수 있다는 연구 결과에 우려를 표하는 사람들도 꽤나 있을 것 이다. 교사는 왜 창의적인 학생들을 전폭적으로 지지하고 긍정적 으로 평가하지 않는 것일까? 혹시 창의성에 대해서 부정적인 생 각이나 태도를 가지고 있는 것이 아닐까? 여전히 의구심이 있는 것이 사실이다.

이전에 살펴본 창의적인 저명인들의 사례나 문헌에 보고된 창 의적인 사람들의 삶에 대한 분석 중 교사가 창의성 발달에 중대 한 영향을 미쳤다는 내용은 찾아보기 힘들다. 창의적인 사람들은 학교에 가기 싫어했고 학교 공부에 흥미를 느끼지 못했으며 학 습 부진을 겪는 경우가 많았다. 뿐만 아니라 또래 친구들과의 관 계도 원만하지 못한 것으로 알려져 있다. 소위 "튀는 학생, 남의 이야기를 듣지 않고 고집이 센 다루기 힘든 괴짜, 여럿이 어울리 기보다 혼자 있기를 좋아하는 고독하고 때로는 우울해보이는 학생, 에너지가 넘치고 한 곳에 주의집중하지 못하는 일명 정신 없어 보이는 학생" 등 창의적인 학생들의 학교에서의 모습은 그리 긍정적이지 못하다. 필자가 연구를 통해서 만났던 창의적인 건축가들도 한결같이 대학교 이전의 교육, 심지어 대학교육마저 자신들의 창의적인 아이디어 생성과 건축물 구축에 유의미한 영향을 미치지 못했음을 인정하였다.

이렇듯 학교라는 공교육 현장이 창의적인 학생들의 끼와 개성을 인정하고 발현할 수 있는 교육의 장이 되지 못하는 이유는 무엇일까? 무엇보다도 교사가 창의적인 학생들보다 공부를 잘하는 학생들의 특성과 심리를 더 많이 이해할 수 있을 거라는 데에서 첫 번째 이유를 찾을 수 있다. 대다수의 교사들은 학습 우수아의 특성들을 많이 가지고 있다. 학창 시절을 모범적으로 보냈고 규칙을 잘 따르고 성실하며 커다란 문제를 일으키지 않으면서 학교 생활을 했던 학생이었기에 현재 학교에서 만날 수 있는 학습 우수아들과 많은 부분이 비슷하다. 교사와 학생 간에 공유할 수 있는 비슷한 특성들이 많다면, 이는 학생의 재능 계발에 매우 긍정적이다. 교사는 학생의 요구(니즈, needs)를 이해하고 정서적으로 공감하면서 심리적인 유대 관계를 형성할 수 있다. 뿐만 아니라 학생이 가지고 있는 강점과 보완점을 잘 알 수 있기에 이를 발견하고 계발하며 보완하는 데 도움을 줄 수 있다. 이에 반해,

교사와 학생이 공유하는 특성들이 많지 않을 때에는 학생의 재능이 발견되기 어렵다. 학생의 잠재적인 재능을 교사가 알아보지 못하거나 그것의 가치와 진가를 오인하는 경우, 학생은 재능 계발을 위한 기회조차 얻을 수 없게 된다. 불행히도 학생의 재능이 창의성일 때 이런 경우가 종종 발생할 수 있다.

다행히 교사들은 창의성 자체에 대해서 부정적으로 인식하고 있지 않는 것으로 보고된다. 교사들의 창의성에 대한 인식은 전반적으로 긍정적이었고 창의성 교육의 필요성에 대해서도 공감하고 있는 것으로 알려져 있다. 필자가 수행한 우리나라 교사들을 대상으로 한 연구에서도 영재들의 창의성 계발은 미래사회 인재로 성장해 나가는 데 필요한 핵심적인 역량이며 이를 위한 교육프로그램의 개발 필요성에 대해서도 대다수의 교사가 동의하고 있었다(Lee, Kim, & Boo, 2019; Lee, Matthews, Boo, & Kim, 2020 참조). 문제는 대부분의 교사가 창의성 교육이 미래 교육의 핵심 과제라는 데 동의하고 있지만 우리나라의 대학 입시라는 관문이 창의적인 학생들에게 결코 우호적이지 않음을 인지하고 있다는 것이다. 왜냐하면 창의적인 학생들은 학교 학습에서 우수한 성적을 거두거나 학교 생활에 맹목적으로 순응하며 지내는 모범생이 아니라 소위 말하는 튀는 생각과 행동으로 교사와 또래 친구를 비롯한 학교 구성원들에게 불편함을 줄 수 있는 학생들이기 때문이다. 창의적인 학생들이 창의적인 성취자로 성장하기 위해서 견뎌내야 하는 힘듦의 시간은 그래서 길 수밖에 없다.

학교에서 교사는 창의적인 학생들이 경험하는 과정을 지켜보고 함께 하고 있기 때문에 이들에 대해서 복합적인 감정을 가질 수밖에 없을 것이다. 즉, 창의성의 중요성과 가치를 존중하고 창의적인 학생들의 잠재성을 누구보다도 잘 알고 있지만 현재 이들이 보여주는 수행과 결과물(예: 학업 성취), 그리고 무엇보다도 함께 가르치고 지도하며 생활해야 하는 다수의 학생들을 고려해야 하기에 창의적인 학생들에게 마냥 우호적일 수 없다. 이것이 바로 앞서 이야기했던 창의적 메타인지의 기본 아이디어이다. 교실이나 학교라는 맥락에 맞지 않는 부적절한 행동인 창의성에 대한 주저함일뿐 창의성 자체에 대한 반감은 아니라는 것이다.

교육 현장은 어느 환경보다도 보수적이다. 따라서 창의성이 가지고 있는 무모한 도전과 모험이 쉽게 용인되지 않는다. 창의적인 학생의 진가는 교사와 학교라는 안전 지대보다 정제되지 않은 잠재성을 알아봐주고 키워주는 대상과 환경에서 보다 밝은 빛을 발휘할 수 있을지도 모른다. 그럼에도 학교는 학생들의 창의적인 잠재성이 가장 많이 보여질 수 있는 공간이고, 교사는 이를 의식적이든 무의식적이든 가장 많이, 자주, 그리고 먼저 알아볼 수 있는 전문가이다. 교사의 창의성과 창의적인 학생에 대한 이해와 교감이 더할 나위없이 중요한 이유이다.

2-2. 멘토로서의 초등학교 교사

창의성 계발에서 멘토가 매우 중요한 역할을 한다는 것은 지속적으로 밝혀진 사실이다. 토렌스의 연구에서도 창의적인 성취를 보인 사람들의 대다수가 멘토가 있었다고 밝혀졌다. 앞서 설명한 토렌스의 종단 연구는 자신이 개발한 창의성진단검사(TTCT)의 타당성을 확보하기 위한 목적으로 진행되었다. 초등학생 시절 TTCT점수가 성인이 되어 이루어낸 창의적인 성취를 얼마나 잘 예측하는지를 검증하였는데 주요 결과 중 하나가 창의적인 성취자들은 멘토(mentor)가 있었다는 것이다. 창의적인 성취 수준이 높을수록 자신의 창의성 계발과 발현에 영향을 미친 멘토가 있었고 멘토로 다수가 "초등학교 선생님"을 꼽았다. 토렌스의 연구는 성인이 된 창의적인 성취자들이 어린 시절 자신의 멘토로 교사를 기억할 만큼 창의성 계발 과정에서 교사의 영향력을 무시할 수 없다는 것을 다시금 상기시켜주고 있다.

2-3. 또래 친구와 창의적인 학생

또래 친구들은 창의적인 학생들을 어떻게 생각할까? 필자가 수행한 또래 친구들이 인식하는 창의적인 학생들에 대한 연구를 잠시 소개하고자 한다. 김명섭, 백근찬, 이선영(2019)의 연구는 중학생들이 생각하는 "창의적인 친구, 공부를 잘하는 친구, 영재인 친구"의 특성 간에 차이가 있는지에 관한 것이다. 연구에서 학생들은 이들 세 유형의 친구들의 특성들을 다르게 인식하고 있었다. 창의적인 친구의 경우, 미술 재능, 사회성(예: 활발함, 친구 관계 좋음), 유머 감각, 개방성, 뛰어난 인지능력과 학습능력 등의 특성을 가지고 있는 것으로 인식한 반면, 영재라고 생각하는 친구는 창의성, 특정 영역에서의 탁월함, 뛰어난 학습능력, 보통 수준(떨어지지 않는)의 사회성(예: 친구 및 대인관계, 성격), 사교성, 타고난 지적 능력, 성취 동기 등을 주된 특성으로 기술하였다. 마지막으로 공부를 잘하는 친구의 경우, 학생들은 승부욕, 선생님과 친함, 집중력과 기억력, 학업성취욕구, 효과적인 학습전략, 리더십, 창의성, 보통 수준의 사회성(예: 성격), 친화성 등을 가지고 있는 것으로 생각하고 있었다.

연구 결과에서 주목할 점은 창의성이 "영재 친구"와 "공부를 잘하는 친구"의 특성으로 포함되었고, 창의적인 친구도 뛰어난 인지능력과 학습능력을 가진 것으로 인식하고 있었다는 점이다. 특히 우리나라 청소년들이 창의적인 친구를 미술을 잘하고 사회성이 뛰어나며 유머감각이 있고 개방적이라고 생각한 점은 재미있는 결과였다. 왜냐하면 또래가 생각하는 창의적인 친구의 모습이 부정적이지 않을 뿐만 아니라 영재 친구나 공부를 잘하는 친구의 모습과도 사뭇 달랐기 때문이다. 많은 사람들이 생각하는 것처럼 미술과 같은 예술 영역이 창의성과 상당히 동일시되었다는 점, 그리고 창의적인 친구들을 활달하고 사교적이며 재미있을 뿐만 아니라 개방적인 마음과 태도를 가진 것으로 생각하고 있었던 점도 그동안 창의성 연구에서 보고된 일반인(어른)들의 생각과 크게 차이가 없었다. 그러나 교사와는 달리 인지 및 학습능력이 창의성과 관련이 있는 것으로 응답한 것은 눈여겨볼만하다. 우리 청소년들에게 창의적인 친구들은 머리도 좋고 학교에서 공부도 잘하는 친구로 생각되나 보다.

3. 학교 밖에서 만나는 멘토는 어떻게 창의성 계발에 영향을 미칠까?

멘토(mentor)란 누구인가? 먼저 그것의 사전적인 의미를 살펴보면 "경험 없는 사람에게 오랜 기간에 걸쳐 조언과 도움을 베풀어 주는 유경험자나 선배"(출처: 네이버 영한사전, 옥스포드 영한사전 참조) 그리고 보다 간략하게는 "조력자의 역할을 하는 사람"(출

오디세우스의 아들 텔레마코스(좌)와 멘토르(우)

처: 위키백과)으로 정의된다. 많은 사람들이 알고 있는 것처럼 멘토라는 용어는 그리스 신화에 나오는 트로이 전쟁 때 이타카의 왕인 오디세우스(Odysseus)가 아들의 훈육과 교육을 맡긴 친구 "멘토르"의 이름에서 유래되었다. 당시 친구 멘토르는 오디세우스의 아들에게 엄격한 아버지의 역할뿐만 아니라 선생님, 조력자, 나아가 정신적인 지주가 되었는데 이후부터 스승이나 조언자

를 멘토, 멘토의 조력을 받는 사람을 멘티(mentee)라고 부르게 되었다. 용어의 유래에서 짐작할 수 있듯이 멘토는 교과 지식과 정보를 전달하고 가르쳐주는 선생님 이상으로 인생의 지도자이자 조언자인 스승의 역할을 한다. 이와 같은 이유로 멘토는 진로 선택과 계발, 나아가 전문성 발달에 도움을 주는 의미 있는 사람으로 특별히 언급되기도 한다. 따라서 멘토는 일반적으로 성인기에 교육과 진로, 그리고 이후 삶을 영위하는 데 영향을 미치는 유의미한 사람을 가리킨다. 창의적인 사람들에게 멘토는 자신만의 고유한 영역 안에서 창작과 창조 활동을 지속하는데 전방위적으로 영향을 미치는 창의성 안내자, 조력자, 그리고 지지자이다.

필자가 수행한 성공한 창의적인 건축가들에 대한 연구에서도 건축가들은 멘토의 중요성에 대해서 모두 이야기하였다(이선영 외, 2018; Lee & Lee, 2017). 이들은 학교교육에 대해서는 다소 부정적인 경험들을 공유했지만 대학 졸업 이후 건축 현장에서 만난 멘토(예: 선배 건축가, 예술가, 건축회사 대표)로부터 창의적인 아이디어와 건물에 대한 영감을 많이 받았다고 말한다. 건축가들의 멘토는 건축 일을 하면서 만난 또 다른 건축가이거나 건축과 관련된 일을 하는 사람들이었다. 이들 중 누구나 들으면 알 수 있는 대가들도 있었지만 대부분은 우리는 잘 몰라도 건축가들 자신에게는 정말로 중요한 사람들이었다. 멘토는 건축가들에게 창의적인 영감과 자극, 지원과 지지, 그리고 창의적인 수행을 지속적으로 이어갈 수 있도록 도와주었던 창의성 길잡이였다. 건축가 개인의 성향에 따라 때로는 범접할 수 없는 대가를 멘토로 두기도 하고, 때로는 친구와 동료 또는 후배와의 격의 없는 토론과 논쟁을 즐기면서 이들과 동등한 관계의 멘토링을 유지하기도 하였다.

토렌스의 연구에 참여했던 사람들의 창의적 성과가 멘토의 존재 여부에 따라 차이가 있었다거나 필자가 만난 건축가들의 창의적 아이디어와 성취에 멘토가 유의미한 타자로 등장하는 것으로 미루어 봤을 때 창의성은 공교육 현장에서 벗어난 다양한 삶의 여정에서 만나 함께 경험을 공유하는 사람들을 통해서 다듬어지고 숙성되는 것 같다. 정형화된 교육을 통해서만이 아니라 인간 관계와 일, 그리고 삶 속의 경험에서 싹이 트고 열매 맺는 것이 창의성의 진정한 모습이 아닐까?

3-1. 창의적인 사람들과 멘토 이야기

토렌스의 연구뿐만 아니라 실제로 창의적인 사람들의 생애 연구들을 살펴보면, 이들에게 중요한 창의적 영감과 영향을 미쳤던 유의미한 멘토들이 많이 등장한다. 우리에게 너무나 잘 알려진

헬렌 켈러(좌)와 앤 설리반(우)

인물로 헬렌 켈러의 멘토인 앤 설리반 선생님이 있다. 시청각 및 언어 장애가 있음에도 이에 굴하지 않고 하버드대학교에 입학하여 우등으로 졸업한 후 여성, 어린이, 노약자, 장애인을 위한 사회활동을 통해서 세상의 편견과 맞서 싸우면서 세상을 선하게 변화시킨 헬렌 켈러 뒤에는 언제나 앤 설리반 선생님이 있었다. 앤 설리반 선생님과 같은 훌륭한 멘토를 둔 창의적인 사람들은 누가 또 있을까? 몇 가지 사례를 더 살펴보도록 하자.

(1) 정약용과 멘토 정약전

조선 후기의 최고 실학자로 평가받는 다산 정약용에게도 그의 창의적 천재성에 영향을 준 멘토가 있었다. 그의 둘째 형이자 우리나라 최초의 해양 생물학 전문 서적인 "자산어보"를 집필한 실학자 정약전이다. 정약용은 어린 시절부터 형과 매우 돈독한 우애를 보였는데 이들은 함께 학문을 논하면서 서로에게 진심 어린 조언을 주고 받았다. 형은 아우에게 형 이상의 훌륭한 벗과

정약전(좌)과 자산어보(중), 정약용(우)

스승, 학문적 동반자이자 멘토였던 것이다. 정조의 총애를 받으며 차례로 벼슬에 나가 나랏일을 했지만 정조 사후 천주교 탄압이 시작된 신유박해 때 이전에 천주교에 관심을 가졌다는 이유로 이들 형제는 장기간 유배 생활을 시작하였다. 정약용은 유배 기간에도 심적으로 형에게 많이 의지하면서 각별한 관계를 유지하였는데 이들 형제는 힘든 시기에도 서로 편지를 주고 받으며 각자가 집필하고 있는 책에 대한 의견을 나누면서 실학자로 더 많이 성장할 수 있었다고 한다. 정약용이 조선 후기의 문신이자 실학자, 철학자, 과학자, 공학자, 저술가, 시인 등 여러 방면에서 다재다능한 재능을 발휘하고 다산학이라는 학문의 세계를 열고 조선 후기 최고의 실학자로 자리매김할 수 있었던 것도 형이자 학문의 동반자이며 멘토였던 정약전이 있었기에 가능했다.

(2) 베토벤과 멘토 고틀로 네페

베토벤(좌)과 고틀로 네페(우)

루트비히 판 베토벤(Ludwig van Beethoven), 역사상 가장 위대한
작곡가 중 한 명으로 불리는 베토벤을 모르는 사람이 있을까? 음
악의 성인 경지에까지 이른 위대한 작곡가인 그는 아버지로부터
음악을 처음 배웠다. 음악가인 아버지 요한은 어린 아들에게 가
혹한 선생이었는데 아들의 뛰어난 재능을 인지하고 궁정에 있는
자신의 친구들을 포함한 유능한 선생들에게 아들이 음악 교육을
받을 수 있도록 하였다. 그 중에서 베토벤의 가장 중요한 음악
스승으로 꼽히는 사람은 오스트리아 빈의 궁정 오르간 연주자이
자 작곡가, 지휘자였던 크리스티안 고틀로 네페이다. 네페는 베
토벤의 천재성을 발견하고 전문적으로 작곡을 가르쳤으며 13세

밖에 되지 않았던 어린 베토벤을 당시 궁정의 보조 오르간 연구자로 채용하면서 경제적으로도 도움을 준 것으로 전해진다. 베토벤은 네페의 지도 아래 몇몇 초기 작품들을 작곡하였는데 처음으로 출판한 곡인 "드레슬러 행진곡에 의한 9개의 건반 변주곡"도 이 중 하나이다. 네페의 가르침을 통해서 베토벤의 음악적 천재성은 본격적으로 드러나기 시작하였고 음악가라는 인생의 지향점도 정할 수 있었다. 네페는 음악의 성인 베토벤의 음악 인생 여정에 중대한 영향을 미친 사람임에 틀림없다.

(3) 모네와 멘토 외젠 부댕

클로드 모네(좌)와 외젠 부댕(우)

필자가 좋아하는 클로드 모네(Oscar-Claude Monet), 인상파라는 말이 그의 작품을 비꼬았던 데에서 비롯되었다는 것을 보면 모네가 얼마나 창의적인 화가였는지 가늠할 수 있다. 빛의 화가라고 불릴 만큼 빛의 미묘한 반사와 파장에 집중하여 이를 회화로 구현한 인상파의 개척자인 그에게 평생 멘토가 된 사람이 있었다. 그가 10대 후반에 만난 무명의 풍경화가 외젠 부댕이었다. 모네가 5세 되던 해에 이사한 노르망디에 있는 항구 도시 르아브르에서 만난 부댕은 모네가 빛을 그리는 화가가 되겠다고 결심하는 데 많은 영향을 미쳤다. 부댕으로부터 외광파(外光波)의 기법을 배운 모네는 사물이 직광과 반사광만으로 입체를 드러낸다는 기존의 회화 기법에서 벗어나 실외에서 직접 빛을 받으며 유화까지 제작하는 새로운 화풍을 만들어 냈다. 청소년기에 만난 부댕과의 인연은 모네의 새롭고 독창적인 빛에 대한 인식과 이를 활용한 미술적 기교와 표현에 지속적으로 영향을 미칠 만큼 모네에게 의미하는 바가 크다.

(4) 마이클 잭슨과 멘토 퀸시 존스

세계에서 가장 많은 상을 수상한 아티스트로 기네스북에 등재된 영원한 팝의 황제, 마이클 잭슨(Michael Jackson), 2009년 50세의 젊은 나이에 갑자기 세상을 떠난 지 벌써 10년이 훌쩍 지났지만 그의 음악은 여전히 귓가에 맴돌고 있다. 미국을 대표하는 가수, 음악 프로듀서, 댄서, 배우 등 어릴 적부터 다재다능한 재능

을 보여왔
던 팝의
황제 마이
클 잭슨의
정신적 멘
토이자 스
승은 미국
의 또 다

마이클 잭슨(좌)과 퀸시 존스(우)

른 전설적인 음악 프로듀서인 퀸시 존스(Quincy Jones)다. 존스
는 그래미 어워드에 80회 후보 지명(노미네이트)되어 28회 수상
한 천재 프로듀서로 잭슨 파이브로 활동하던 어린 잭슨의 잠재
성을 진작에 알아보고 자신과 함께 음반 작업을 해볼 것을 권유
하였다. 존스와 함께 작업한 것으로 우리에게도 너무나 잘 알려
진 "Thriller" 앨범의 수록 곡들은 팝에 관심이 없는 사람들일지
라도 한번쯤은 들어본 음악들이다. 1985년 아프리카 기아들을
돕기 위해 참여한 프로젝트 "We Are the World"는 존스가 프로
듀싱하고 잭슨이 작사, 작곡(라이오넬 리치와 공동 작업)에 참여
하여 전 세계적으로 대성공을 거두었다. 존스는 잭슨의 전성기를
이끌어냈고 잭슨은 멘토와의 만남과 협업을 통해서 영원한 팝의
황제로 우리 마음 속에 영원히 남아 있다.

(5) 마크 주커버그와 멘토 스티브 잡스

스티브 잡스(좌)와 마크 주커버그(우)

세계 최대 소셜 네트워크 서비스 페이스북(Facebook)의 창립자이자 CEO인 마크 주커버그(Mark Zuckerberg)의 멘토는 다름 아닌 미국의 세계적인 기업가 스티브 잡스(Steve Jobs)이다. 애플사의 CEO였던 잡스에 대한 설명은 이제 따로 필요하지 않을 정도로 잡스는 현재 우리 삶의 모습을 설계했다고 할 수 있을 만큼 생활의 변화와 혁신을 가져온 인물이다. 2004년 설립된 페이스북은 2020년 기준, 전 세계 인구 3명 중 1명이 서비스를 이용할 정도로 영향력이 막강하다. 그러나 페이스북도 창립자 주커버그가 힘겹게 보완 작업을 하며 회사를 팔아야 할지 고민하던 시기가 있었다. 당시 그는 멘토인 잡스로부터 그가 젊었을 때 애플의 진화와 미래 비전을 고민했던 시절 머물렀던 인도의 한 사원을 방문해보라는 조언을 받았다. 주커버그는 그의 말을 듣고 인도의 작은 힌두 사원을 방문하여 한 달 동안 머물면서 회사에 대한 고민을 해결하기 위해서 다양한 사람들을 만났다. 그 곳에서 그는 사람들이 어떻게 연결되는지, 그리고 많은 사람들이 강하게 연결될수록 세상이 더 좋아질 수 있게 됨을 깨달으면서 자신이 하는 일의 중요성을 되새기게 되었다고 한다. 이후 주커버그는 페이스북의 방향성과 미래 비전을 구현해내며 페이스북을 성공적으로 운영할 수 있게 되었다. 잡스가 2011년 사망했을 때 그는 다음과 같이 애도를 표하였다. "스티브, 나의 멘토이자 친구가 되어줘서 고마웠어요. 당신이 만들어낸 것들이 세상을 변화시킬 수 있음을 보여줘서 고마워요. 당신이 그리울 거예요."

3-2. 멘토링 유형(수직적 멘토링 vs. 수평적 멘토링)과 창의성

창의적인 사람들이 자신의 재능을 발견하고 계발하고 실현해 가는데 멘토가 상당히 중요한 역할을 했음을 여러 사례들을 통해서 확인해보았다. 멘토가 누구인지도 중요하지만 간과해서는 안되는 것이 멘토와 멘티의 관계다. 멘토와 멘티의 관계를 여러 유형으로 진단할 수 있지만 단순하게는 수직적 멘토링과 수평적 멘토링으로 이분할 수 있다. 각각의 멘토링이 무엇인지 간략하게 살펴보도록 하자.

수직적 멘토링에서 멘토와 멘티의 관계는 위계적이다. 멘토는 멘티의 스승이자 조력자이며 멘티는 멘토의 권위와 전문성을 존중하고 따른다. 멘티는 멘토의 힘과 능력을 신뢰하고 높이 평가하며 멘토를 신(神)과 같은 존재로 믿고 향후 멘토처럼 되기를 열망하기 때문에 멘토의 지시와 지도를 통해서 배우고 성장하면서 전문성을 쌓을 것이라는 믿음을 가지고 있다. 수직적 멘토링에서 멘토는 멘티의 상사이며 멘티는 멘토의 스타일과 방식대로 일할 것을 요구 받는다. 만약 이를 따르지 않고 거부하는 경우, 멘티는 멘토와 갈등 관계에 놓이게 될 수도 있다. 따라서 수직적 멘토링에서 멘토와 멘티의 관계는 위계적이고 서열적이다. 일반적으로 커다란 창의성을 가지고 있는 창의적인 저명인들은 이들로부터 전문성을 배우고 훈련을 받으려는 수많은 멘티들이 있다. 이들 간의 관계는 서열이 분명한 수직적 멘토링에 기반하고 있다.

이에 반해, 수평적 멘토링은 평등한 동료 관계에 기반하여 멘토와 멘티의 관계를 설정한다. 멘토와 멘티는 상하 또는 서열 관계에 있기보다 평등한 파트너십을 바탕으로 협력하면서 상호 발전하는 관계를 모색한다. 멘토는 멘티에게 자극과 정보를 주고 멘티는 멘토로부터 지도와 배움을 받지만 이들 간에 위계에 의한 일방적인 의사결정이 이루어지는 경우는 드물다. 오히려 동료처럼 상호 존중하고 수평적으로 의사 소통하면서 서로에게 도움이 되는 관계를 지향하며 멘티는 능동적인 입장에서 멘토링에 참여할 수 있다. 따라서 멘토는 신과 같은 존재이기보다 편안하게 조력을 구하고 조력할 수 있는 동반자와 같기에 멘토링이 자유롭고 유연하게 이루어질 수 있다(Kienänen & Gardner, 2004).

창의성 계발과 발현에 어떠한 유형의 멘토링이 효과적일까? 일반적으로 수평적인 멘토링이 수직적 멘토링에 비해 효과적이라는 의견이 우세하다. 왜냐하면 창의성, 보다 구체적으로는 창의적인 사람들의 성향이나 특성이 자유롭고 개방적이며 유연한 인간 관계를 선호하기에 위계적이고 권위적이며 때로는 강압적이고 맹목적인 순종을 기대하는 수직적 멘토링이 이들에게는 적합하지 않을 수 있기 때문이다. 더욱이 수평적 멘토링에서는 멘토가 자신의 스타일이나 방식을 멘티에게 그대로 따르도록 고집하지 않기 때문에 멘티의 생각과 의견이 자연스럽게 자신의 창의적 수행과 결과물에 반영될 수밖에 없다. 따라서 멘티의 창의성은 멘토의 스타일이 아니라 멘티 자신의 고유한 개성과 색깔이 내재된 결과물이라고 할 수 있다. 이와 같은 이유로 다수의 사람들은 창의성 계발과 발현 측면에서 수평적 멘토링을 보다 더 긍정적인 것으로 지지하고 있다.

그러나 창의성이 궁극적으로 발현되기 위해서는 개인이 속한 영역에서 탁월한 기술과 능력을 탄탄하게 쌓아서 전문성을 길러야 한다는 주장도 만만치 않다. 창의성의 기저에는 특정 영역에서의 전문성이 내재되어 있기에 전문가로부터 기본기를 제대로 익혀서 탁월한 수준으로 발전시키려면 영역의 대가인 멘토를 만나서 지도를 받아야 한다는 것이다. 요즘 대중매체의 예능 프로그램에 많이 등장하고 있는 이른바 "마스터"가 대가인 멘토의 예라 할 수 있다. 영역의 대가인 멘토와 그의 지도를 받게 되는 멘티의 관계는 결코 동등할 수 없다. 이에 스타(star) 멘토와의 관계에서 멘티는 수동적이 될 수밖에 없고 멘토의 창의적 스타일을 전수받기 위해서 노력한다. 멘토 역시 자신의 스타일을 고수하고 멘티를 통해서 자신의 창의적 수행과 결과물이 지속되기를 희망한다. 따라서 수직적 멘토링을 옹호하는 사람들은 대가인 멘토와의 만남 자체가 창의성 계발에 절대적인 영향을 미치며 멘토로부터 전수받는 기술과 능력뿐만 아니라 멘토의 전문성을 기반으로 하는 네트워킹이 멘티의 창의성 계발과 발현에 큰 도움이 된다고 주장한다. 예를 들어, 노벨상을 수상하려면 노벨상을 수상한 학자나 학자의 연구실에 들어가서 지도를 받아야 한다는 것과 같은 맥락이다.

종합해보면, 멘토링의 유형을 수직적 유형과 수평적 유형으로 구분했을 때 어떠한 유형이 보다 창의적인지에 대해서는 각 유형이 가지고 있는 강점과 약점에 따라 의견이 분분할 수 있다.

수평적인 멘토링이 멘티의 자율성과 독립성을 인정하고 독려하는 측면에서 창의성 발달에 보다 우호적일 수 있다는 주장도 일리가 있다. 그러나 수직적 멘토링이 가지고 있는 영역의 전문가로부터의 사사(師事)는 개인의 창의성 발현에 있어서 일생일대의 기회이자 선물이 될 수 있다. 따라서 어떠한 유형이 낫다는 것보다 개인이 원하고 개인에게 잘 맞는 멘토링 유형이 무엇인지 판단한 후 신중하게 결정하는 것이 필요하다고 필자는 생각한다. 가령, 권위적이고 위계적인 멘토이지만 무엇보다도 멘토의 전문성과 창의성을 존중하고 가치롭게 여기며 멘토를 사사하는 것이 자신의 창의성 발달과 실현에 도움이 된다고 믿는 멘티라면, 수직적 멘토링이 효과적일 것이다. 이에 반해 자유롭고 민주적이며 동반자적인 멘토링을 통해서 자신의 창의성을 정교화시키고 발전시키는 것이 중요하다고 믿는 멘티라면 수평적인 멘토링이 적합할 수 있다. 중요한 건 나와 일명 코드가 잘 맞는 멘토를 찾아서 내가 찾아내지 못하거나 찾고 싶어하는 재능을 발견하고 계발하여 사회적으로 인정받을 수 있는 기회와 경험을 갖는 것이다.

멘토링은 멘토와 멘티 모두에게 긍정적인 영향을 줄 수 있을 때 유지된다. 서로에게 도움이 되지 못하는 관계라면 멘토링은 지속될 수 없다. 창의성이 오랜 기간의 노고에 의해서 빛을 발휘할 수 있는 결과물이라면 장기간 지속되어 숙성된 멘토링이 개인의 창의성 발현에 필요한 역할을 할 수 있음은 당연하다. 따라서 멘토링에서는 멘토와 멘티 간의 화합과 조화, 다시 말해서 생산적인 화학적 결합이 매우 중요하다.

Q1. 창의성은 타고난 것일까요 vs. 길러지는 것일까요?

창의성은 타고나며 동시에 길러집니다. 위의 질문에 대한 응답으로 우리 독자들은 "또요? 타고나면서 길러진다고요?"라며 불만을 토로할지 모릅니다. 왜냐하면 비슷한 유형의 질문에 대해서도 비슷한 답변이 나오기 때문입니다. 가령, "지능은 타고나는 것일까요?", "성격도 변하나요?", "리더십은 길러지나요?", "재능은 유전적인 것인가요, 환경의 영향을 많이 받나요?" 등 인간의 특성과 능력에 대해서 이것이 타고난 것인지 길러지는 것인지 많이들 궁금해합니다. 그런데 우리의 특성과 능력을 공부하고 연구하는 심리학자나 교육학자들에게 이와 같은 질문을 할 때면 아마도 짐작하건대, 거의 대부분 타고나지만 길러지는 것이라는 답변을 받을 것입니다. "모 아니면 도, 흑 아니면 백"처럼 명백하게 구분되는 것이라면 귀에 쏙쏙 들어올 것 같은데 왜 그리 모호한 답변을 내놓는 것일까요? 저도 우리 독자들의 호기심과 궁금증을 이해하기에 보다 명확하게 "이거 아니면 저거에요"라고 말하고 싶지만, 창의성도 인간 고유의 재능이기에 선천적으로 타고난 부분과 후천적으로 계발되는 부분이 동시에 있습니다. 갓 태어난 신생아가 보이는 행동에도 차이가 있고 어린 형제, 자매 간에도 성향과 취향이 다르며 동일한 환경에서 자라난 아이들도 유사성과 차이점이 있으니 이것의 이유를 유전에서 찾을지 환경에서 찾을지는 쉽지 않습니다.

창의성은 다각적으로 이해해야 합니다. 창의적인 성향(성격 특성 포함), 창의적 사고, 창의적인 수행(행위) 등 여러 방향으로 이해하고 이것이 궁극적으로 산출해낸 결과물의 독창성과 유용성으로 그것의 진가를 인정받게 됩니다. 제가 고심 끝에 개발한 글로벌재능진단검사의 창의성 검사 문항들은 창의적인 성향과 사고 능력을 측정하는데 이들 모두 타고나기도 하면서 길러지는 특성과 능력들입니다. 창의성도 유전과 환경의 상호 작용으로 타고난 본래의 모습이 강화되기도 하고 약화되기도 하며, 보다 발전적인 모습으로 변하거나 또는 반대로 퇴행하며 사라지기도 합니다. 창의적인 기질을 많이 가지고 태어난 사람이라도 끊임 없이 노력하지 않으면 길고 힘든 꽃피움의 과정을 견디어 내며 창의적인 성과와 업적을 이루어낼 수 없습니다. 창의성이 단기간에 완성되는 것이 절대로 아님을 고려했을 때 창의성은 인간이 가지고 있는 어떠한 재능보다 훨씬 더 많은 시간과 노력과 끈기와 인내를 요구합니다. 선천적으로 타고난 창의적인 기질과 성향은 개인마다 다를 수 있지만 노력없이 결코 열매 맺을 수 없는 것이 창의성이라는 선물임을 잊어서는 안 될 것입니다.

IV. 창의적 환경 이야기

창의성 계발에 우호적인 환경이 있을까?

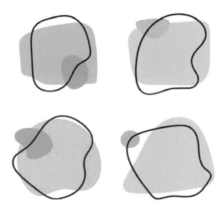

핵심어: 개방성, 개인 공간, 동양과 서양, 밝기, 비인나, 사회와
문화, 색상, 소음(소리), 자리배치, 천장의 높이, 칸막이

"창의성도 환경의 영향을 받을까요?
어떠한 환경이 창의성을 발견하고 계발하고 발현하는 데 적합할까요?
사실 창의성은 환경으로부터 자유로울 것 같습니다.
왜냐하면 환경과는 무관한 개인의 역량이라는
생각을 많이 하고 있었거든요."

창의성에 적합하다거나 최적화된 환경이란 있는 것일까? 창의성을 연구하고 교육하는 사람들이 궁금해할 수 있는 질문이다. 사실 궁금하지만 안타깝게도 "이렇다"거나 "저렇다"라고 얘기할 수 있는 실제적인 증거가 많지 않은 것이 사실이다. 그럼에도 기사를 통해서나 몇몇 연구들을 통해서 창의적인 사고와 아이디어를 이끌어내는 데 도움이 되는 것으로 언급되는 환경이 있다. 이제부터 창의성 증진과 관련된 환경을 물리적인 공간(예: 높이, 개방성, 밝기, 색상, 소리)부터 사회문화적 요인들을 중심으로 살펴보도록 하자.

1. 물리적인 공간 요인

　창의성을 촉발시키거나 창의성 발견과 계발에 도움이 되는 환경이 있을까? 이와 같은 환경을 일명 창의적인 환경으로 불러보자. 창의적 환경에 가장 많은 관심을 가지고 있는 조직의 하나로 주저없이 기업을 꼽을 수 있다. 많은 사람들이 공간을 공유하면서 생활하는 기업이라는 조직에서 창의성은 궁극적인 목표이자 지향점이기 때문에 창의성을 조장하고 독려할 수 있는 기업 환경에 대한 관심이 지속적으로 있어 왔다. 예를 들어, 자연이 보이는 창문, 빛(채광), 색상, 소리, 가구의 유무 및 배치, 공간 배치 등 물리적인 환경 요인들이 기업을 포함한 조직의 창의성을 증진시키는데 직·간접적으로 영향을 미친다고 보고되기도 한다. 이제부터는 일화나 연구를 통해서 알려진 창의성 발현과 증진에 도움이 되는 환경 요인들을 조금 더 자세히 살펴보도록 하자.

1-1. 천장의 높이

　일반적으로 천장이 높은 곳에 있을 때 새롭고 독창적인 사고의 가능성이 높아진다는 이야기가 있다. 대표적인 예로 소아마비 백신을 개발한 저명한 의학 및 바이러스 학자 조나스 솔크(Jonas Edward

Salk)가 1960년 미국 캘리포니아주 라호이아에 설립한 생명과학연구소 솔크 연구소가 있다. 현재의 의료과학연구의 중심지가 된 솔

미국 캘리포니아주 샌디에이고 라호이아에 소재한
'솔크 연구소' 전경

크 연구소는 저명한 건축가인 루이스 칸이 설계한 아름답고 사색적인 연구소로도 유명하다. 솔크 박사는 소아마비 백신을 개발하기 전 아이디어가 떠오르지 않아 오랜 시간 동안 고민하다 이탈리아를 여행하였다. 당시 방문했던 13세기에 지어진 성 프란시스코 수도원 안에서 그는 "아하"의 순간을 경험하면서 백신에 대한 아이디어가 떠올랐다고 한다. 미국으로 돌아와 자신의 이름을 딴 솔크 연구소를 설립하면서 루이스 칸에게 천장이 높은 곳에서 창의적인 아이디어를 떠올렸던 경험을 공유했다는 일화가 전해진다. 당시 솔크 연구소의 모든 연구실은 천장의 높이가 일반적인 천장 높이(2.4~2.7m)보다 높은 3m 이상이 되도록 설계되어 세계에서 천장이 제일 높은 연구소 중 하나가 되었다(https:

//www.hani.co.kr/arti/science/science_general/721524.html 참고). 55개의 연구실에 1,100여 명의 연구원과 스태프들이 일하고 있는 연구소의 또 다른 특징은 연구실 사이에 벽이 없는 개방된 공간 구조 덕분에 구성원들 간 자유로운 교류와 협업이 수월하다는 것이다. 현재까지 6명의 노벨상 수상자를 배출하였고 10명 이상의 노벨상 수상자들이 일했던 세계 5대 생명공학연구센터이자 신경 과학 및 행동 연구 분야의 최고 연구소로 인정받고 있는 솔크 연구소는 연구원들의 뛰어난 능력과 자질 뿐만 아니라 연구소 자체의 물리적인 환경만으로도 창의적이라고 평가받을 만하다.

이외에도 미국 대학생들을 대상으로 수행된 연구에서도 높은 천장은 창의성 발현에 도움이 되는 것으로 나타났다. 천장 높이는 특히 학생들의 정보처리방식과 연관이 있는 것으로 보고되었는데, 높은 천장(예: 3m)을 가지고 있는 공간에 있었던 학생들은 낮은 천장(예: 2.4m)의 공간에 있었던 학생들보다 자유를 느끼고 정보를 자유자재로 처리하였다. 특히 이들은 서로 다른 정보를 전체적으로 통합하고 추상화시키는 과제에서 뛰어난 수행을 보였다. 이에 반해, 낮은 천장 공간에 있었던 학생들은 통제를 받는다는 느낌을 받았다고 보고했으며 전체가 아닌 세부적인 개별 정보 처리에 집중하는 경향을 보였다. 이들은 추상적으로 정보를 처리하기보다 정보를 정교화시키는 것과 같이 구체적인 정보처리 과정에서 뛰어난 능력을 보였다(Meyers-Levy, & Zhu, 2007, 2008 참조). 일련의 실험을 통해서 연구자들은 천장 높이가 창의적인 사고와 창의성 발현에 영향을 미치고 천장이 높을수록 자유롭고 독창적인 사고를 조장한다는 사실에 주목하였다.

1-2. 개방성, 밝기, 색상

개방성을 느낄 수 있는 밝은 사무실

터키에 있는 기계 회사 매니저 60명을 대상으로 한 연구에서는 공간적 여유, 개방감, 밝기와 색상이 창의성에 영향을 미치는 것으로 나타났다. 특히 사무실이 물건이 적어 공간적 여유가 있고 창문이 많으며 밝은 조명에 초록이나 파란 계열의 시원함을 느끼는 색조를 가지고 있을 때 구성원들의 창의성이 높아졌다. 사무실에 식물과 컴퓨터 장비들이 많이 있을 때에도 창의적인 수행에 도움이 되는 것으로 보고되었다. 연구자들은 창문은 자연광을 선호하는 사람들에게 안정감을 주고, 식물은 업무 스트레스로 정신적으로 힘들 때 휴식을 제공해주며, 컴퓨터는 정보의 접근성에 도움을 주기 때문에 창의성에 긍정적인 영향을 미칠 수 있다고 설명하였다(Ceylan, Dul, & Aytac, 2008).

1-3. 개인적인 공간과 소음(소리)

네덜란드 직장인을 대상으로 한 연구에서도 작업 환경이 근무자의 창의성에 영향을 주는 것으로 밝혀졌다(Dul, Ceylan, & Jaspers, 2011). 연구는 가구, 식물, 색, 프라이버시 보장, 창문, 빛의 양, 채광, 소리, 냄새 등을 직장에서의 물리적 환경 요인으로 포함하였다. 보다 구체적으로 창의성 발현에 도움이 되는 작업 환경은 의자와 가구, 안정감을 주는 색, 다른 사람들을 볼 수 없게 보호해주는 개인적인 공간(예: 프라이버시 보장), 나무나 식물 등 자연을 볼 수 있는 창문 등을 구비하고 있었다. 소음이 없고 냄새가 나지 않는 쾌적한 사무실도 직장인들의 창의성 발현에 도움이 되었다. 유사하면서도 약간은 상반된 연구 결과도 있다. 미국 대학생들을 대상으로 한 연구(McCoy & Evans,

2002)에서는 의자와 가구와 같은 물건이 많고 창문이 있으며 자연을 내다볼 수 있는 확 트인 공간이 학생들의 창의적인 아이디어를 촉발시켰다. 학생들은 가구에 대해 공간에 있는 사람들끼리 상호 작용을 가능하게 하고, 나무 질감처럼 자연 소재를 활용한 물건들은 창의성을 발휘하는 데 도움이 된다고 생각하고 있었다. 개별 연구에 따라 환경 요인의 긍정 또는 부정적인 효과에 대해서 약간씩 차이가 있을 수 있다. 그럼에도 직장 내 인테리어와 건물 디자인이 창의성 증진과 발현에 도움이 될 수 있다는 사실만으로도 우리의 주의를 환기시키는 것이 사실이다.

또 다른 연구도 직장 내에서 조용하게 개인적인 시간을 보낼 수 있는 공간과 환경의 필요성에 주목하였다(Stokols, Clitheroe, & Zmuidzinas, 2002). 타인의 시선으로부터 벗어날 수 있는 프라이버시가 보장된 작업 공간에 있는 사람들과 소음이 적은 곳에서 일하는 사람들의 창의성이 높아지는 것으로 나타났다. 연구는 소리에 특히 주목하였는데 소음이 아예 없는 곳에서 일하거나 작업 중 침묵의 시간을 가질 수 있거나 음악 등을 통해서 소음을 줄일 수 있을 때 창의적인 활동이 조장되는 것으로 나타났다.

1-4. 칸막이와 자리배치

칸막이의 경우, 앞서 기술한 개인적인 공간 보장과 함께 이야기할 수 있겠지만 창의성과 관련해서 상반된 목소리가 있어 여기에서 다시 이야기하고자 한다. 먼저 칸막이를 걷어내야 한다는 주장이다. 사람들이 자신의 생각과 의견을 자유롭게 말할 수 있고 구성원들 간 의사소통이 언제든지 가능한 개방적인 구조가 창의성에 우호적이라는 이유에서이다. 청소년들을 대상으로 한 연구에서도 공간의 개방성은 창의성을 촉발시키는 주요 요인으로 보고되었다. 우리나라 중학생들을 대상으로 박물관과 같은 학교 밖 교육기관의 물리적 환경 요인과 창의성 간의 관계를 탐색한 연구에 의하면, 학생들은 공간이 넓고 자연을 느낄 수 있는 곳, 전시물을 한 눈에 볼 수 있도록 칸막이나 기둥이 없는 개방감이 느껴지는 공간 등이 창의성을 자극하는 것으로 생각하였다 (최지은, 김찬종, 2005). 필자가 만났던 창의적인 건축가들도 대체로 칸막이가 없는 개방적인 공간을 선호하였고 이들이 작업에 몰두하는 실제 사무실도 칸막이가 거의 없었다. 창의성은 새롭고 유용한 것을 동시에 추구하기 때문에 개인의 독창적인 아이디어가 구성원들로부터 공감과 지지를 받을 때 조직을 넘어 대중의

칸막이 없는 사무실(상)과
칸막이가 설치된 사무실(하)

관심과 판단을 받을 수 있는 기회를 얻게 된다. 따라서 구성원들,
특히 동료뿐만 아니라 상사와도 자유롭게 의견을 교환할 수 있는
개방적인 작업 환경이 중요할 수 있다. 이것이 바로 칸막이 없이
개방감을 줄 수 있는 사무 공간의 필요성을 이야기하는 이유이다.

이에 반해, 칸막이가 필요하다는 주장이 있다. 칸막이를 설치

함으로써 남을 의식하지 않고 자유롭게 사고하고 행동할 수 있는 기회를 제공해야 한다는 것이다. 미국의 대학생들을 대상으로 한 연구에 의하면, 강의실 책상을 모둠 대형으로 만들고 칸막이를 설치한 곳과 설치하지 않은 곳에 있는 학생들의 창의적인 수행을 비교했을 때 칸막이가 있는 곳에 있었던 학생들이 보다 높은 수준의 창의적인 수행을 보였다(Shalley, & Oldham, 1997). 연구자들은 칸막이가 동료와의 경쟁심을 덜어주는 효과가 있기 때문에 창의적인 성취를 독려할 수 있다고 주장하였다.

초등학교 교실에서의 자리 배치가 학생들의 창의적인 사고를 높이는 데 영향을 미칠수 있을까? 이에 대해서 초등학교 교사로 재직 중인 필자의 제자 황지영의 연구에서는 일자형 강의식의 모둠 대형을 선호하는 학생들보다 U자 중심 대형을 선호하는 학생들이 아이디어가 많고 아이디어 간 연관성을 만들어내는 과제(원격연합능력)에서 뛰어난 수행을 보였다(황지영, 이선영, 2021). U자 중심 대형이 학생들 간 원활한 대화와 상호 작용을 가능하게 하고 이를 독려할 수 있음을 고려했을 때 강의식 수업에 활용되는 모둠 대형보다 학생들의 창의적인 사고를 조장하는데 도움이 되는 것으로 보인다.

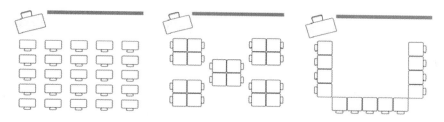

시험대형(좌), 모둠대형(중), U자중심대형(우)의 예

(황지영, 이선영, 2021 참조)

6 이선영 교수의 여섯 번째 창의성 이야기
건축가들의 공간

　창의적인 성취를 이룬 필자의 건축가들에 대한 연구에서도 물리적 환경에 대한 이야기가 나온다(Lee & Lee, 2017). 건축가들을 인터뷰할 때 필자가 궁금해하기도 한 부분이라 주의 깊게 들었던 것이 공간과 환경에 관한 것이었다. 건축가들을 인터뷰하면서 재미있었던 일들이 많았는데 그 중 하나가 이들의 건축 사무소를 직접 방문한다. 건축가들을 인터뷰하기 위해서 필자와 연구진들은 10개의 건축 사무소를 직접 방문했었는데 정말로 잊지 못할 경험이었다.

　건축가라는 직업 때문인지 아니면 성공한 건축가여서인지

잘 모르겠지만 이들이 대표로 일하고 있는 사무소는 일반 사무실과는 다른 느낌이었다. 서울 강남의 주택가에 있는 일반 집을 개조해서 만든 따뜻한 가정집과 같은 사무소, 서울 중심부 사무실이 즐비한 도심에 위치해 있지만 골목 따라 언덕길을 쭈욱 올라가야만 만날 수 있었던 세련되고도 고즈넉한 분위기의 사무소, 전통적으로 부촌이었지만 이제는 강남에 자리를 내주고 예스러운 멋과 전통 그리고 자존심을 지키고 있는 동네에 위치한 사무소[건축가 선생님의 사모님 옷 가게(부티크)도 아래층에 함께 있었다], 강을 보는 운치에 익숙했던 필자에게 이색적으로 서울의 푸르름과 교양을 느끼게 해주었던 성북동의 사무소, 이국적인 이태원의 기운과 열정을 느낄 수 있었던 그리고 무엇보다도 건축가 자신이 좋아하는 빨강색의 기운이 공간 곳곳 작은 구석과 소품에서까지 베어 있었던 빨간 사무소 등 건축 사무소는 건축가의 일뿐만 아니라 전반적인 삶에 대한 태도, 철학과 가치관 등을 모두 엿볼 수 있는 공간이었다. 건축가들 모두 많은 사람들에게 영감과 감흥을 주면서 편리하게 사용할 수 있는 건축물을 만들어내는 공통점을 가지고 있지만 자신들의 창의성이 태어나고 다듬어지는 공간은 제각기 달랐다는 점도 흥미로웠다. 건축가의 공간에서 건축가 자신만의 이야기를 들으면서 필자는 공간으로 압축된 그들의 삶과 예술에 대해서 생각해보았다. '아, 이래서 이런 공간에서 작업을 하시는구나', '이분의 스타일이 이렇게 녹아 들어갔구나', '역시 이 곳은 ooo건축가만의 공간이구나' 등 건축 사무소는 단순히 일만 하는 작업 공간이 아니라 필자가 미처 생각하지 못했던 건축가 자신의 창작과 인생 여정을 담고 있었다.

필자가 방문했던 10개의 건축 사무소는 모두 예쁘고 멋있고 각각의 개성을 가지고 있었다. 그러나 무엇보다도 인상적이었던 것은 공간이 개방적이었다는 것이다. 권위나 서열이 느껴지지 않았고 구성원들이 자유롭게 이동하면서 의사 소통할 수 있는 수평적인 구조의 작업 공간이었다. 혹여 함께 일하는 직원이 없을지라도 창작열을 불태우는 건축가가 자신의 공간과 매일 대화하듯 생활하고 일할 수 있는 곳, 그리고 자연 광선이 들어오는 따뜻한 작업실에 편안한 가구들이 배치되어 있어 창작의 기쁨을 공유하고 고통을 위로 받으면서 언제든 휴식을 취할 수 있는 곳, 필자가 건축가들의 개별 공간에서 느꼈던 총체적인 기운이었다. 또 다른 공통점은 일하는 공간이 대체로 밝았다는 것이다. 전체적으로 빨간색으로 물들어 있었던 열정으로 가득한 건축 사무소 한 개를 제외하고는 모두 화이트 톤의 작업 공간이었다. 이는 비단 자연 광선 때문만이 아니었다. 밝고 정갈하고 세련된 멋을 지닌 사무소들은 건축가의 창의성으로 아직 채워지지 않은 여백을 채워달라고 기다리고 있는 듯했다. 심플하면서도 조급하지 않은 여백의 미(美)를 느낄 수 있었다. '나도 이런 공간에서 공부하고 연구하고 싶다' 생각하며 부러운 마음으로 인터뷰를 마치고 사무소를 떠난 기억이 있다. 건축가들의 작업 공간에서 이들의 창의성을 다시 한번 읽어보았다.

2. 동양과 서양 문화에서의 창의성은 다른 것일까, 같은 것일까?

범위를 조금 확대시켜서 커다란 환경에 대해서 이야기해보자. 우리나라와 미국에서의 창의성을 비교해보면 어떨까? 앞서 학교와 기업과 같은 조직에서의 창의성에 영향을 미치는 환경을 물리적 환경 요인을 중심으로 미시적으로 살펴보았다. 그렇다면 사회와 국가, 나아가 문화권(예: 동양 vs. 서양)에서 창의성은 어떻게 인식되고 있는 것일까?

창의성은 동양 문화권 사람들에게는 다소 낯선 것으로 생각되어 왔다. 왜냐하면 창의성은 오랫동안 지속되어온 전통이나 관습, 법규를 따르기보다 남들이 생각해내지 못했거나 시도하지 않았던 새로운 것을 만들고 해내는 것과 관련이 있다고 믿어 왔기 때문이다. 따라서 전통적으로 위계적이고 서열적이며 순응적이고 개인보다 집단의 가치를 우선시한다고 여겨지는 동양 문화권 국가에 비해 개별적이고 독립적이며 개인의 가치와 다양성을 존중하는 서양 문화권 국가에서 창의성을 보다 우호적으로 바라보는 것으로 이해되었다. 정말 문화권에 따라 창의성을 대하는 우리의 태도와 행동이 다른 것일까? 창의성이 우리나라를 넘어 전 세계적으로 중요한 이슈와 과제로 다루어지고 미래사회 구성원들의 핵심 역량으로 자주 언급되고 있음을 고려하여 창의성에 대한 국가별 인식 차이와 중요도를 살펴보는 것도 창의성을 이해하는 데 도움이 될 것이다.

2-1. 창의성에 대한 사람들의 생각: 암묵지와 문화 차이

창의성에 대해서 보통 사람들은 어떻게 생각하고 있을까? 혹자는 이를 창의성에 대한 암묵지로 설명한다. 암묵지(tacit knowledge)

란 개인의 마음 속에 깊게 자리잡은 생각과 태도나 신념에 관한 것으로 눈으로 직접 보거나 만져볼 수 있는 명시적인(explicit) 지식과 상반되는 개념이다. 우리가 오랫동안 관심을 가져왔고 지금도 궁금해하고 있는 지능을 이해하는 좋은 방법 중의 하나가 바로 지능에 대한 신념, 암묵지이다. 1980년대부터 시작된 지능에 대한 암묵지 이론은 미국의 심리학자 드웩(C. Dweck)과 동료들에 의해서 정교화되어 지속적으로 연구되면서 지능의 속성을 설명하고 이해하는 방식으로 많은 사람들로부터 공감을 얻고 있다. 지능을 사람들이 어떻게 생각하고 믿는지가 지능을 이해하고 정의하는데 가장 설득력 있는 방안이라는 것이다. 창의성도 마찬가지이다. 학자와 연구자들이 주장하는 이론이나 개념적 정의도 중요하지만 일반 사람들이 믿고 있는 창의성에 대한 생각이 그것의 속성을 이해하는 데 중요한 영향을 미칠 수 있다는 것이다. 특히 동서양 문화권 국가의 사람들이 마음 속 깊이 강하게 가지고 있는 창의성에 대한 생각에 따라 창의성과 창의적인 사람, 그리고 창의성 교육이 국가와 문화마다 다를 수 있음을 인지하는 것이 필요하다.

2001년 Lim과 Plucker의 연구는 우리나라 사람들이 일반적으로 생각하는 창의성에 대한 생각들이 미국을 비롯한 서구 사회에서 수행된 연구 결과와 대체로 비슷했음을 보여주었다. 특히 창의적인 행동에 대해서 우리나라와 미국 사람들 모두 공통적으로 열정적이고 에너지가 넘치며 독창적이고 아이디어와 호기심이 많고 다양한 방식으로 문제를 해결하려는 성향을 보이는 것으로 인식하고 있었다. 이외에도 집중해서 끝까지 해내려는 의지와 끈기, 타인의 의견에 대한 무관심, 기존의 틀에 얽매이지 않으려는 독립심, 뛰어난 문제해결능력 등도 다수의 공감을 얻은 주요 특성들이었다.

그러나 우리나라 사람들이 서구 문화권 국가의 사람들과 달랐던 점은 창의성에 대해서 보다 부정적으로 생각했다는 것과 창의성을 인지능력과 동일시하려는 경향이 있었다는 것이다. 다시 말해서, 우리나라를 비롯한 중국과 홍콩 등의 동양 문화권과 아프리카 대륙의 사람들은 창의성이 비순응성이나 반항(저항)처럼 부정적인 의미를 포함하고 있고, 지능이나 인지능력과 관련이 있거나 이와 유사한 능력으로 생각하고 있었다. 연구에서는 순응성(복종)과 사회적 책무성을 중요시하는 동양인들이 창의적인 사람을 "외톨이"라고 생각하는 경향이 있는데 이것이 사회 전반에 걸쳐 창의적인 활동을 억누르는 요인이 될 수 있음에 주목하였다. 창의성이 어디에서든 항상 중요하고 가치 있는 것으로 환대받는 것이 아님을 확인할 수 있는 부분이다.

2-2. 사회문화적 관점에서 창의성 보기

필자는 사회문화적인 관점에서 창의성을 이해해야 한다고 믿고 있다. 본격적으로 이 주제에 관심을 가지게 된 것은 창의성 계발과 교육에 대한 당위성을 체감하면서 개발한 글로벌재능진단검사(이선영 외, 2018) 창의성 영역 문항을 만들기 시작하면서부터이다. 창의성 검사 문항을 만들기에 앞서 창의성을 개념화하는 작업이 당연히 필요한데 이 때 고려해야 하는 것들이 너무 많다. 그 중 하나가 우리가 살고 있는 사회와 국가, 그리고 문화적 특징이다.

창의성의 본질적인 속성을 개인 차원을 넘어 타인, 조직, 사회, 국가 그리고 문화로 확장시켜 이해해야 한다고 생각하면서 필자는 창의적 사고와 아이디어 생성에 영향을 미치는 사회문화적 요인들에 대한 연구를 진행하기 시작하였다. 우리나라 사람들 중 다수는 우리 사회가 권위적이고 폐쇄적이며 때때로 순응과 복종을 강요하는 소위 창의성과는 동떨어진 사회라고 생각하고 있는 것이 사실이다. 그리고 그것의 이유를 매우 단순하게는 유교(儒敎) 문화에서 비롯되었다고 말하기도 한다. 뿐만 아니라 많은 사람들은 우리나라의 교육, 특히 학교교육이 학생들의 창의성을 억

압한다고 주장한다. 정말로 우리 사회는 창의성에 우호적이지 않고 우리 교육은 창의성 계발과 발현에 비협조적일까?

동서양 문화권을 구분하는 방식에는 여러 가지가 있다. 가장 대표적인 방법이 개인주의와 집단주의로 이분하는 것이다. 문화 차이에 대한 논의는 사실 간단하지 않다. 문화를 형성하는 다양하고도 세심한 부분들을 어떻게 모두 녹아내어 문화의 특징을 진단하고 정의할 수 있겠는가? 창의성과 관련해서도 마찬가지이다. 문화와 창의성을 동시에 고려해야 하니 얼마나 복잡하겠는가? 그럼에도 문화와 창의성을 다룬 다수의 연구들이 개인주의 국가와 집단주의 국가에서의 창의성을 비교하면서 개인주의 국가에 살고 있는 사람들이 보다 더 창의적인 것으로 결론 내렸다. 그렇다면 그 이유는 무엇일까? 개인주의 문화에서 중시하는 독립적인 성향과 개방성이 타인과의 협동과 조직의 성공을 우선시하는 집단주의 문화보다 구성원들의 창의성 계발과 발현에 도움이 된다는 것이다(이선영, 김정아, 2017). 문화를 이분법적으로 개인주의와 집단주의로 나눌 수 있느냐에 대해서는 끊임없이 논쟁이 지속되어 왔다. 이 문제는 여기에서 상세히 다루지 않을 것이다. 다만, 개인주의와 집단주의 문화권에서 살고 있는 사람들의 이야기를 통해서 공통적으로 언급되는 창의성 이야기에 주목할 필요는 있어 보인다.

앞서 지속적으로 언급했던 필자의 건축가들의 창의성에 대한 연구에는 국내 건축가들뿐만 아니라 해외 건축가들도 포함되어 있다. 연구 첫 해에는 우리나라 국적으로 국제적으로 인정을 받는 창의적인 건축가 10인을 만났고, 그 이듬해 두 번째 해에는 우리나라에서 활동하는 외국 국적의 신진 건축가들과 타국에 있는 해외 건축가들을 대상으로 오프라인과 온라인 방식을 병행하여 인터뷰를 진행했다. 국내외 건축가들에 대한 연구를 통해서도 필자는 건축가들의 가정환경뿐만 아니라 이들이 어린 시절을 보냈던 마을과 지역 사회, 가족을 넘어 타인을 만나고 교류하면서 성장할 수 있는 근간이 되었던 조직과 사회, 그리고 현재의 일과 삶 전반에 의식적이든 무의식적이든 영향을 미치고 있는 국가와 문화적 환경 등이 이들의 창의적 사고와 행동을 형성하고 있음을 알게 되었다. 사실 건축가들이 개인주의 또는 집단주의 문화권 국가의 사람인지의 여부는 그리 중요해보이지 않았다. 오히려 이들이 유년기를 어떻게 보냈는지, 지금 현재 활동하고 있는 곳이 다양한 문화 경험을 가능하게 하는 자원들을 얼마나 가지고 있는지, 그리고 실제로 이와 같은 문화 자원을 얼마나 누리고 누릴 수 있는지가 이들의 창의성과 연관이 있어 보였다. 특히 음악과 미술 등 전반적으로 예술을 즐기고 사랑하게 만드는 예술 친화적인 분위기가 매우 중요했는데, 국내외 건축가들이 모두 언급했던 도서관, 음악당, 미술관, 박물관, 공연장 등이 특별한 장소가 아닌 일상 생활 속의 한 공간이 되어 이들의 창의성을 이끌어내고 이끌어주는 원동력이 되었던 점이 참으로 인상적이었다.

필자의 건축 연구에 참여했던 스페인과 이탈리아 태생 건축가들의 아동기와 유년 시절 이야기를 들으면서 많이 부러워했던 기억이 난다. 문화와 예술 활동이 생활의 일부였고, 나아가 생활 그 자체였던 건축가들이 어린 시절부터 보고 듣고 느끼고 체험하면서 예술적 감수성과 소양, 상상력, 심미성, 개방감, 다양성을 축적했다. 그리고 이에 대한 존중이 이들로 하여금 구태의연함에서 벗어나 새롭고 독창적이고 기발한 생각과 행동을 가능하게 하였던 것이다. 풍부한 문화 자원을 누릴 수 있는 어린 시절이 참으로 부럽다. 돈으로도 그 어떠한 노력으로도 얻을 수 없는 어린 시절의 자유롭고 소박한 문화 활동이 성인이 된 건축가들의 내면 속에서 창작의 욕구와 열정을 끊임없이 자극하고 창의적인 영감을 여전히 주고 있으니 말이다.

7 이선영 교수의 일곱 번째 창의성 이야기
오스트리아 비엔나

건축가들의 이야기를 다시금 정리해보니 필자가 너무나 사랑하는 도시 오스트리아의 비엔나가 생각이 났다. 비엔나를 처음 가게 되었던 것은 2016년 여름, 학회 참석을 위해서였고 두 번째는 2018년 여름, 출장 차 방문 중에 갔었고, 세 번째는 2019년 가을, 가족 여행으로 중동부 유럽을 갔을 때였다. 말로만 듣던 아름다운 예술의 도시 비엔나에서 느꼈던 기쁨은 표현할 방법이 없다. 여러 일들을 계기로 미국을 비롯한 세계 곳곳을 나름대로 많이 다녔다고 생각했는데 다시 한번 방문하고 싶은 도시를 한 군데만 꼽으라고 하면 필자는 주저 없이 비엔나를 선택할 것이다.

첫 방문에서 느낀 비엔나는 예술 그 자체였다. 건물이나 거리, 공원 등 도시 전체가 너무나 예술적으로 아름답다거나 세련되었기 때문이 아니었다. 파리나 런던, 로마, 뉴욕보다 화려하지 않음에 놀랐고 오히려 소박하고 투박함이 있어서 정감이 가고 부담스럽지 않았다. 스위스의 도시처럼 엽서에 나오는 꽃과 산으로 둘러싸인 예쁨을 가진 곳도 아니었고 파리 근교의 궁전이나 공원처럼 화려하지도 웅장하지도 않았으며 런던처럼 예스러움과 근대화를 함께 가진 것도 아니었고 로마처럼 가는 곳마다 문화 유적지가 산재해 있는 것도 아니었다. 그리고 선진국의 대도시처럼 고층의 빌딩 숲에 근사한 박물관, 미술관, 공연장 등이 즐비한 것도 아니었다. 필자에게 비엔나는 지극히 근사하지도 세련되지도 화려하지도 않아 오히려 거부감이 없는 곳이었다. 그러나 이 도시는 세계의 그 어떠한 도시도 갖지 못하는 역사와 매력이 있다. 문화와 예술 활동이 특별한 이벤트가 아니라 일상 속에 자연스럽게 녹아들어 있어 사람과 그 사람의 삶을 정의하고 이야기를 만들어내고 있었다.

골목 길을 걷다 잠시 들러 마시는 커피 한 잔의 맛도 맛이지만 커피를 파는 허름한 카페가 당대의 음악가, 시인, 미술가, 철학자, 소설가 등이 자주 들러서 차를 마시고 격하게 논쟁을 벌이던 곳이라는 이야기를 듣고서 잠시 동안 과거로의 시간 여행을 통해서 위대한 비엔나의 예술인들을 만났다. 차 한잔이나 와인 한잔을 마시면서 길거리에서 듣는 아마추어 수준 이상의 음악가들의 공연에 "부라보!"를 외치다가 조금 더 격식있게 차려 입고 간 실내악연주 공연장에서 슈트라우스 가문 작곡가들의 왈츠를 들으면서 느꼈던 감동, 벨베데레 궁전 속 클림트의 키스를 숨죽이며 보았던 기억, 클림트의 그림을 보면서 알게 된 천재 화가 에곤 실레, 심리학을 공부했기에 프로이드 박물관은 반드시 가봐야 한다며 모범생스럽게 방문했던 프로이드 생가, 요한 슈트라우스, 브람스, 슈베르트, 베토벤 등 위대한 천재 음악가들이 잠들어 있는 빈 중앙묘지, 직접 경험하지는 못했지만 세계 최정상급 교향악단인 빈 필하모닉 오케스트라의 신년 음악회가 열리는 곳이라는 사실만으로 경외심을 가지고 방문했던 콘서트홀(빈 무지크페라인), 그리고 세계에서 가장 오래되었다는 카페에서 맛본 달콤한 초콜릿 케이크까지 비엔나는 거리마다 장소마다 시간을 관통하며 역사와 예술, 문화에 대해서 속삭이고 있었다. 그 곳에 있으면, 없었던 예술혼까지 생기게 될 것 같다고 느꼈던 비엔나에서의 감흥을 여전히 기억하고 있다.

비엔나를 처음 다녀오자마자 비엔나에 관한 책(박종호 저 "빈에서는 인생이 아름다워진다")을 구입해서 읽었다. 이어 비엔나 태생 예술가와 미술관들에 관한 책들을 연이어 찾아 읽어보았다. 그리고 비엔나를 소개하는 책들이 꽤나 있음에 놀라기도 했다. 아직도 보고, 듣고, 체험해야 할 것들이 많아

비엔나의 시내 전경(상)과
슈테판 대성당(하)

서 자꾸만 다음 방문을 기약하게 된다. 지금까지 세 번을 다
녀왔는데 언제 다시 갈 수 있을지 기다려진다. 창의성은 바로
이런 곳에서 생겨나는 것이 아닐까? 창의성의 계발 가능성을

믿는다면 창의성이 특정한 사람에게서 나오는 것이 아니라 사회문화적으로 발견되고 다듬어지고 만들어져 완성되는 문화적 산물로 생각해볼 수도 있지 않을까? 최소한 비엔나에서는 말이다.

Q1. 학교는 창의성 계발에 도움이 되나요? 그리고 창의성 계발을 위해서 학교를 다녀야 하나요?

"학교가 창의성에 도움이 된다 또는 안된다" 는 식으로 결론 내려서는 안될 것입니다. 그럼에도 우리 독자들은 학교 교육이 창의성 계발에 도움이 되는지 여전히 궁금해할 것입니다. 왜냐하면 우리 모두 학교 교육을 받았거나 받고 있기 때문입니다. 특히나 학교에 다니는 어린 자녀를 둔 부모라면 학교가 아이의 창의성에 얼마나 도움이 되는지 많이 알고 싶어집니다. 누구보다도 창의적인 자녀를 둔 부모는 아이가 학교에서 잘 지내고 있는지, 학교 상황이나 교육 환경이 아이의 창의적 성향과 특성에 잘 맞는지, 학교에서 아이가 친구들과 잘 지내고 선생님 말씀을 잘 따르는지 등을 비롯해서 여러 가지로 신경쓰이는 부분이 많이 있습니다. 창의적인 자녀를 둔 부모는 왜 특별히 아이의 학교 생활에 대해서 걱정하는 마음이 있는 걸까요? 창의적인 아이들에게서 보여지는 특별하고도 눈에 띄는 태도와 행동이 행여나 학교라는 공동체 안에서 공부하고 생활하는데 적합하지 않을 수 있다는 불안과 우려의 마음이 있기 때문이 아닐까요?

학교라는 곳은 다수의 학생과 교사가 함께 생활하는 곳이고 전통적으로 이들 간 위계와 서열이 존재하는 교육의 장이기 때문에 창의적인 학생들의 튀는 개성이 때때로 교사와 또래 친구들로부터 환영받지 못한다는 사실을 우리는 익히 들어 알고 있습니다. 더욱이 교실이나 학교에서 이루어지는 가르침과 배움의 과정이 오랜 기간 교사라는 전문가로부터 학생에게 일방적으로 전달되는 방식으로 진행되어 왔기에 자유롭고 개방적으로 사고하고 행동하는 창의적인 학생들의 성향에 부합되지 않는 부분이 있습니다. 창의적인 학생들은 자신이 좋아하는 것에는 적극적으로 참여하고 집중하지만 그렇지 않은 경우, 지루해하고 집중하지 못하며 무언가 하려는 동기 자체가 쉽게 생기지 않기 때문에 전통적인 학교 교육 방식이 잘 맞지 않는 것이 사실입니다. 창의적인 위인들이 자신의 학창 시절, 특히 학교 생활을 떠올리면서 하는 이야기들을 보면 대부분 긍정적인 경험들이 아니었습니다. 오히려 학교 밖에서의 경험이 창의성 계발과 실현에 도움이 되었다고들 말합니다.

학교라는 환경 자체보다 그동안 학교 교육이 이루어진 방식이 창의적인 학생들에게 우호적이지 않았던 것이 사실이며, 이와 같은 이유로 학교 공부와 학교라는 교육환경이 창의성 계발과 교육에 도움이 되지 않는다고 예상하게 합니다. 그러나 다행히도 우리나라를 비롯한 세계 곳곳에서 학교에서의 창의성 교육의 필요성과 중요성에 대한 인식이 높아지고 있고, 교육현장뿐만 아니라 사회 전반에 걸쳐서 창의성의 조기 발견과 계발에 대한 요구가 강해지고 있습니다. 학교가 창의성 교육에 중추적인 역할을 하기 위해서는 교사와 학생 모두 창의성과 창의적인 학생들에 대한 올바른 이해와 존중이 필요합니다. 창의성의 본질적인 속성에 대한 이해를 바탕으로 창의적인 학생들의 강점을 극대화 할 수 있는 교수와 학습 활동이 학교에서 자연스럽게 이루어질 수 있다면 학교는 창의성 교육의 중추로서 유의미한 역할을 해낼 수 있습니다. 아직은 학교가 이러한 역할을 잘 해내고 있지는 못합니다. 그러나 현재까지 그 어떠한 개인적 그리고 교육적 공간과 기관도 학교만큼 개인, 특히 학생들의 창의성을 조기에 발견하고 계발해줄 수는 없을 것입니다.

Q2. 가정이나 학교에서 아이들의 창의성을 기르기 위해서 어른들이 해서는 안되는 말이나 행동이 있을까요?

네, 우리 어른들은 의도치 않게 아이들의 창의성을 억압할 수 있는 말과 행동을 하고 있습니다. 아이들을 사랑하는 마음이 가득해서 아이들이 실수와 실패를 가급적 경험하지 않고 올바른 길로 바로 들어서게 하기 위해서 어른들의 관점에서 지시와 통제를 하고 있지는 않나요? 우리 어른들이 좋고 올바르며 이상적인 것으로 생각하는 것들이 아이들에게도 똑같이 그럴까요? 혹여 다음과 같은 말과 행동으로 은연 중에 아이들에게 무언의 압박을 주고 솟구치는 아이들의 창의성 분출을 막고 있지는 않나 생각해보면 어떨까요?

"귀찮게 굴지 말고 그냥 따라서 해봐라."

"뭐 이런 것까지 신경을 쓰니? 시간 낭비다."

"과정보다 결과가 중요하다. 아무리 열심히 해도 결과적으로 못하면 그만이다."

"빨리 문제를 풀 수 있는 방법(솟 컷 short cut)을 생각해봐라."

"복잡하게 생각하지 말고 반복해서 외우면서 익히렴."

"1+1=2, 2 외의 답이 어떻게 생기나? 이 세상에 정답은 오직 하나다."

"평범하게 사는 것이 행복이다. 남들처럼 똑같이 생각하고 행동하면 된다."

"창의성은 나중에 기르면 된다. 일단 공부 잘해서 대학 잘 간 후에 창의적인
    사람이 되면 된다."

"왜…?하며 토 달지 말고 하라는 대로 그대로 생각하고 따라서 하면 된다."

"너무 다르면 튄다. 남들과 달라서 튀면 왕따 당한다."

"창의적이면 외롭고 고달프고 배고프다. 반항하지 말고 성실하게 규칙에
    따라 살면 성공한다."

V. 창의성 교육 이야기

창의성 교육이란 무엇이며 어떻게 해야 할까?

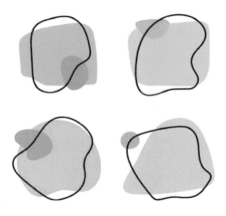

핵심어: 브레인스토밍, 비교하기, 비유하기, 스캠퍼(SCAMPER), 유추하기, 줄리어드 음악학교, 창의·리더십프로그램, 창의·융합프로그램, 창의적 전략과 기술

"창의성도 별도로 교육이 필요하나요? 창의성을 어떻게 교육시키나요?
창의성을 비창의적으로 교육하는 경우가 너무나 많이 있습니다.
창의성 교육은 정말로 창의적으로 해야 합니다.
창의성 교육만이라도 창의적으로 하기를 바랍니다."

1. 창의성 교육 바로 알기

그동안 창의성에 대한 여러 이야기들을 했다. 창의성이란 무엇
인지, 창의성을 어떻게 이해해야 하는지, 창의성은 수학이나 과
학, 예술, 기업 등 특정한 영역이나 분야를 가정하면서 설명해야
하는지, 창의적인 사람들은 누구이며 이들의 특징은 무엇인지,
창의성을 논할 때 창의적인 사람 외에 어떤 것들을 고려해야 하
는지, 그리고 창의성 증진에 도움이 되는 환경은 무엇인지 등 다
양한 관점으로 창의성을 이해하면서 그동안 많이 생각해보지 못

했거나 간과해서 드러나지 않았던 창의성의 비밀과 속성들을 조금씩 풀어보았다. 이처럼 결코 간단하지 않은 창의성과 창의적인 사람들의 이야기를 여러 각도로 살펴본 이유는 이제부터 다룰 교육에 관한 이야기를 하기 위해서라고 해도 과언이 아니다. "교육이 뭐가 그리 중요한데요?" 이렇게 질문하는 독자들도 있을 것이다. 고백하건대, 필자는 교육이 가장 중요한 문제라고 생각한다.

교육은 계발과 변화 가능성을 전제로 한다. 교육심리학자인 필자가 창의성을 공부하고 연구하면서 갖고 있는 자부심은 인간만의 고유한 재능인 창의성은 타고난 특성 그대로 발현되는 것이 아니라 사람과 환경에 따라서 변하며 궁극적으로 세상을 편리하고 선하게 변화시킬 수 있다는 것을 더 많이 알게 된 점이다. 창의성이 변할 수 있다고 하니 창의성 연구자들에게는 즐겁고 흥분되는 일이다. 교육을 통해서 우리의 소중한 창의성이 사회와 국가, 나아가 인류를 위해서 모종의 역할을 할 수 있다는 것은 생각만 해도 벅찬 일이다. 이것이 창의성을 공부하고 연구하는 필자의 바람이고 책무이자 끝나지 않은 진행형 과제이기도 하다. 그렇다면 창의성을 어떻게 계발하고 교육시킬 수 있을까? 또 다시 어려운 질문임에 틀림없다. 사실 "창의성이 무엇인가?"에 대한 답변보다 더 어려울 수 있는 창의성 교육의 문제, 이제부터 하나씩 다시 풀어가 보도록 하자.

1-1. 창의성 교육이란 무엇인가?

　창의성 교육이란 무엇을 의미하는 것일까? 창의성 교육을 이야기하면서 이에 대해서 많은 생각을 해봤다. 개인의 창의성을 발견한다는 것인지, 창의성을 증진시킨다는 것인지, 창의적으로 교육시킨다는 것인지, 아니면 창의성 자체를 교육한다는 것인지, 생각할수록 그것의 의미가 꽤나 중의적이고 혼란스럽다. 그럼에도 교육의 문제는 가장 마지막에 이야기할 수 있다는 것이 필자의 생각이다. 왜냐하면 교육은 너무나 중요해서 신중하고 진지하게 그러면서도 재미있고 의미 있게 이루어져야 하며 마음만으로 성급하게 진행할 수 없기 때문이다. 어찌 보면 필자가 꽤나 신중하게 접근하는지도 모르겠다. 그러나 영재교육에 관한 책을 쓸 때도 그랬고, 창의성 교육에 관한 책을 쓰는 지금도 교육은 책의 가장 마지막 주제이다.

　창의성 교육이란 무엇인지에 대해서 필자는 다음과 같이 정리해보기로 했다. 개인의 창의성을 발견하고 계발시키는 것이 창의성 교육의 본질이다. 쉽지 않은 과정이었지만 20년 이상 공부하고 연구하면서 내린 결론은 창의성 발견과 계발이 교육학자로서 당연히 완수해야 하는 과제이며 언제까지가 될지는 모르겠지만 창의성 교육과 연구를 지속하는 동안 그 과업을 달성하려고 노력해야 한다는 것이다. 먼저 창의성 교육이 어떠한 방식으로 이루어지고 있는지 조금 더 구체적으로 살펴보기로 하자.

(1) 창의성 발견하기

창의성을 발견한다는 것은 개인이 가지고 있는 창의적인 잠재성을 찾아낸다는 것이다. 창의적인 잠재성이라고 부르는 이유는 필자의 경우 대부분, 성취한 성인들의 위대한 창의성을 다루기보다 아직은 보여지지 않았거나 다듬어지지 않은 아동이나 학생들의 잠재적인 재능으로서 창의성을 이야기하기 때문이다. 창의적인 잠재성을 발견하기 위해서 다양한 방법으로 특성들을 찾아내려는 노력이 필요하다. 앞서 소개한 심리검사도구를 통한 창의성 측정과 진단이 대표적인 예이다. 토렌스의 창의성진단검사 TTCT나 필자가 개발한 글로벌재능진단검사 i＋3C검사 창의성 영역을 활용하여 개인의 창의적인 잠재성을 측정하고 진단해볼 수 있다.

창의성진단검사를 활용하는 것은 가장 보편적인 창의성 발견 방법이다. 진단검사 속에는 창의성을 어떻게 찾아내야 하는지에 대한 검사 개발자의 학문적 그리고 실제적 고민이 충분히 반영되어 있어야 한다. 검사 개발자가 생각하고 믿고 있는 창의성 개념이 문항들을 통해서 개인의 창의적 특성과 잠재 능력을 제대로 끌어낼 수 있을 때 좋은 검사도구라고 할 수 있다. 심리검사 도구의 강점은 문항이 측정하고자 하는 내용을 제대로 담고 있느냐와 관련된 타당성과 문항의 안정성과 일관성을 일컫는 신뢰성을 확보할 경우, 보다 과학적이고 객관적으로 개인의 창의성을 발견해낼 수 있다는 것이다. 뿐만 아니라 동년배(예: 연령, 학년)와의 비교를 통해서 상대적인 위치를 확인할 수 있는 것도 또 다른 강점이다. 그러나 검사도구를 통한 창의성 발견은 검사를 실시할 당시 보여지는 잠재성 수준의 창의성에 관한 것이기 때문에 정말로 창의적인지 여부를 결정하기 위해서 사용되는 것이 아님을 명심해야 한다. 검사 결과는 창의성과 관련된 개인의 특성을 다각적으로 이해하고 이에 기반하여 이후 창의성 계발을 위한 자료로 활용할 수 있다는 점에서 의미가 있는 것이다. 따라서 검사 결과가 개인, 특히 여전히 창의성 계발 과정이 진행 중인 어린 아동이나 학생들을 대상으로 "창의적이다" 또는 "창의적이지 않다"는 식으로 평가하기 위한 정보가 되어서는 안될 것이다.

　심리검사 외에도 창의성 발견에서 중요한 것은 사람들이다. 앞서 이야기한 가정에서의 부모, 학교에서 만나는 교사와 또래 친구, 대학에서 만나는 스승과 동료, 선·후배, 자신만의 영역(분야)이 결정된 이후 그 곳에서 만나게 되는 멘토와 동료에 이르기까지 숨겨져 있던 창의성을 알아봐주고 응원해주는 사람들의 도움으로 창의성의 씨앗이 싹트는 기회가 생기게 된다. 필자가 창의적 문제해결 과정을 이야기할 때에도 그것의 출발이 남들이 인지하지 못하는 문제를 인식하는 것에서부터 시작된다고 이야기하였다. 실제로 창의성 교육을 통해서도 가려져 있던 창의성이 발견된다. 창의성 발견과 교육 및 계발이 선형적으로 서열화되어 언제나 선후(先後)관계에 있다고는 할 수 없다. 발견과 계발은 당연히 함께 갈 수 있다. 그럼에도 오랜 시간과 노력을 통해서 다듬어진 창의성으로 결과물이 빛날 수 있도록 하기 위해서는 숨겨진 원석을 제대로 알아보고 찾아내는 일이 무엇보다도 중요하다. 따라서 교육의 첫 번째는 '발견하기'일 수밖에 없다.

(2) 창의적 전략과 기술: 창의성 발견 vs. 창의성 교육을 위한 것인가?

창의성 교육에서 가장 중요하게 다루어지는 것이 어떻게 하면 창의성을 증진시킬 수 있느냐는 것이다. 다수의 창의성 책에서 이미 창의성 계발과 교육은 창의적(또는 창의성 증진) 전략과 교수법이라는 이름으로 다루어져 왔는데 일반적으로 창의성 증진을 위한 여러 전략(strategies)이나 사고 기술(thinking skills)을 가리킨다. 사고 능력이 아닌 기술로 불리는 것을 보면 통상 창의성 증진을 위해서 습득하여 활용 가능한 방안으로 간주되고 있

는 것 같다. 몇 가지 대표적인 전략과 기술의 예를 살펴보기로
하자(Starko, 2013 참조).

(a) 브레인스토밍(brainstorming)

창의성 책에서 항상 먼저 그리고 많이 나오는 것이 브레인스
토밍(brainstorming)이다. 창의적 문제해결과정에 대한 이야기를
할 때 나왔던 브레인스토밍은 미국의 광고 및 홍보 기업인이었
던 오스본(S. Osborn)이 1953년에 제안한 것으로 "아이디어가
많이 나올 때까지 어떠한 것에 대해서도 평가하지 않는다"라는
판단 유보(deferred judgment)에 기반하고 있다. 누구나 한번쯤
들어보았거나 해본 적이 있을 법한 이 전략은 양(量)이 많아야
질(質)을 보장할 수 있다는 가정에서부터 출발한다. 브레인스토
밍의 원칙에 대해서는 여러 책에서 워낙 많이 언급되고 있는데
무엇보다도 어떠한 간섭이나 방해를 받지 않고 자신의 생각이나
의견을 마음껏 만들어보는 것이 중요하다. 다른 사람들과 함께
집단을 이루어 하는 경우에도 타인의 의견에 대해서 비판하지
않는 것을 원칙으로 한다. 이것은 모두 개인으로 하여금 자신의
아이디어를 거리낌없이 말하고 표현할 수 있도록 독려하기 위해
서이다.

자신의 의견을 무한대로 표현하면서 상대방의 의견을 비판하

지 않는 것은 개방성과 포용성, 다양성에 대한 존중이기도 하다. 창의성을 이야기하면 자주 등장하는 단어들에 개방성, 포용성, 다양성이 포함되어 있다. 필자가 만난 건축가들도 한결같이 이들 세 가지에 대해서 말했다. 그만큼 창의성을 계발하는 과정이 한 가지 정해진 길을 따라가는 것이 아니라 남들이 시도하지 않았거나 이전에 가보지 않았던 여러 갈래의 길에 발을 디디는 것과 같아서 경직되지 않은 유연한 사고와 행동이 필요하다는 것이다. 따라서 개방성, 포용성, 다양성은 유연성과 융통성과도 밀접하게 연관되어 있다. 브레인스토밍을 단순히 아이디어를 자유롭게 제시하는 것으로 생각하면 안된다. 다양한 아이디어가 모아지면 이전 것들을 비롯해서 아이디어들 간에 연결과 통합을 통해서 양질의 것이 도출된다. 이를 아이디어에 대한 정교화 과정으로 볼 수 있는데 창의성의 주요 하위 능력으로 정교화(정교성)를 포함하는 이유 중의 하나도 이 때문이다.

(b) 스캠퍼(SCAMPER)

브레인스토밍과 마찬가지로 각양각색의 아이디어를 만들어내는 것에 목적을 둔 전략으로 스캠퍼(SCAMPER)가 있다. 스캠퍼는 7개의 영문 첫 자 각각을 합쳐서 만든 단어로, S는 대체하기(substitute), C는 결합하기(combine), A는 활용하기(adapt), M

은 변형하기(modify), P는 다른 방식으로 사용하기(put to other uses), E는 제거(삭제)하기(eliminate), R은 재배열이나 거꾸로 해보기(rearrange, reverse)를 가리킨다. 언뜻 보면 복잡하고 어려운 것처럼 보이지만 실상은 그렇지 않다. 기본적으로 가정하고 있는 것은 틀에 박히지 않게 다양한 방식으로 생각해보는 것이다. 각각을 조금 더 구체적으로 살펴보기로 하자. 대체하기(S)는 기존 용도가 아닌 다른 방식으로 바꿔보는 것, 결합하기(C)는 아이디어 전체 또는 일부를 결합하여 새로운 것을 만들어보는 것, 활용하기(A)는 변화를 주면서 응용해보는 것, 변형하기(M)는 크기를 확대하거나 축소해보기에 관한 것이다. 다른 방식으로 사용하기(P)는 기존의 것에서 벗어나 새로운 방식으로 사용해보기, 제거하기(E)는 불필요한 부분들을 빼기, 거꾸로 하기(R)는 이전과 반대로 생각하거나 다르게 배열하여 새로 만들어보는 것이다.

스캠퍼는 학교와 기업 등의 조직에서 많이 활용되고 있는 사고 전략이자 기술이다. 기본 가정은 통상적으로 생각하는 뻔함으로부터 벗어나 이전의 것에 변화를 주면서 새롭고 유연하게 다른 방식으로 생각할 수 있도록 유도하는 데 있다. 다양한 방식으로 생각을 열어두는 습관을 기르는 데 목적을 두고 있어 앞서 다룬 브레인스토밍의 활용 취지와도 유사하다. 다시 말해서, 확산적 사고 능력을 함양하는 기술을 기르자는 것이다.

(c) 유추, 비유, 비교와 대조하기

창의적 전략이나 기술에서 빠지지 않고 등장하는 것이 유추(analogy), 비유(metaphor), 비교와 대조하기(compare & contrast)이다. 유추(類推)의 사전적 의미는 "같은 종류의 것 또는 비슷한 것에 기초하여 다른 사물을 미루어 추측하다"(네이버 국어사전 참고)이다. 비유와 은유는 혼용해서 쓰이는데 유추와 비슷한 의미를 가지고 있다. 비유(比喩/譬喩)는 "어떤 현상이나 사물을 직접 설명하지 않고 다른 비슷한 현상이나 사물에 빗대어서 설명하는 기법"으로 정의되고, 은유(隱喩)는 "사물의 상태나 움직임을 암시적으로 나타내는 것"을 뜻한다(네이버 국어사전 참고). 영어 단어인 메타포(metaphor)는 은유(법)로 해석되는데 비유를 표현할 때에도 종종 "메타포를 사용한다"고 하기도 한다.

창의성 증진 전략에 어김없이 나오는 메타포의 사용이 왜 그리 중요한 것일까? 창의성이 구체적이고 순차적으로 생각하고 행동하는 것으로부터 발현되는 것이 아니라 추상적으로 사고하고 남들이 통상 생각하지 못하는 비교와 대조를 통해서 연상과 결합을 만들어내고 새로움을 창출해내는 것임을 생각해보면 수긍이 가는 면이 있다. 뿐만 아니라 창의적인 사람들은 유머 감각이 뛰어나고 풍자와 해학에 능하다. 이들은 단순히 재미있는 사람이 아니라 재미 속에 행간을 넘나드는 메시지를 담을 수 있다. 창의적인 통찰없이 풍자와 해학은 불가능하다. 창의적인 사람들이 사용하는 메타포는 우리가 통상 사용하는 구체적이고 예측 가능한 은유와 비유와는 다르다. 창의적인 기술들을 익히면서 이를 습관화시키면 궁극적으로 높은 수준의 메타포 사용이 가능하지 않을까?

이외에도 창의성을 높이기 위한 전략과 기술들이 여러 이름으로 창의성 책에 제시되어 있다. 속성 열거법(attribute listing), 여섯 가지 색 모자 사용법, 가부(可否)/찬반(贊否)토론, 수평적 사고(lateral thinking) 등이 그것이다. 서로 다른 이름으로 명명되고 있지만 이들의 공통점은 많은 아이디어를 만들어내고(유창성), 진부한 것에서 벗어나 사고의 변화를 꾀하며(유연성/융통성), 이전에 하지 않았던 평범하지 않은 새로운 사고를 독려하고(독창성), 아이디어를 정교화시켜(정교성) 양질의 창의적 사고와 행위를 가능하게 한다는 것이다. 유창성, 유연성과 융통성, 독창성, 정교성은 창의성의 본질적 속성이다. 창의성 증진 전략과 기술은 바로 이와 같은 창의적 속성들을 자극함으로써 독창성과 유용성이 조화를 이룬 창의적인 수행과 결과물을 만들어낼 수 있게 하는 데 목적이 있다.

앞서 설명한 각각의 창의적 전략과 기술들이 창의성 함양에 얼마나 효과적인지에 대해서 궁금해하는 독자들이 많을 것이다.

먼저 단기적인 측면에서 이와 같은 전략과 기술들의 활용이 확산적 사고를 가능하게 하는 기회와 경험을 제공해준다는 점에서 긍정적이고 효과적일 수 있다. 그러나 이것이 중·장기적으로 창의성을 계발하고 발현하는 데 어떠한 역할을 하는지 솔직히 단언하기는 어렵다. 왜냐하면 창의성 계발은 오랜 시간의 노력을 필요로 하며 창의적인 개인뿐만 아니라 타인과 조직, 국가, 사회 그리고 문화적인 맥락 안에서 그것의 가치를 인정받을 수 있을 때 발현될 수 있기 때문이다. 뿐만 아니라 무수히 많은 시행착오를 겪으면서 어려움과 장애를 극복해낼 때 비로소 개인적 그리고 사회적으로 의미 있는 창의적인 결과물을 만들어낼 수 있다. 창의성 계발과 증진은 몇몇 특정한 전략과 기술을 단기간에 익힌다고 해서 가능한 것이 아니다. 그러나 어릴 때부터 지속적으로 사고의 유연함과 융통성, 개방성과 다양성을 익히고 이를 습관화하여 몸에 배게 하는 것이 무엇보다도 필요하고 중요하다. 왜냐하면 창의적 사고는 습관처럼 길러져서 우리 안에 내면화되어 있을 때 가능하기 때문이다. 우리의 생활 속에서 창의성이 자연스럽게 발휘되기 위해서는 이렇게 습관화된 창의적 사고하기가 있을 때에만 가능하다.

8 이선영 교수의 여덟 번째 창의성 이야기
몸과 머리로 배운 창의성 전략 수업

성인이 되어 창의성 증진 기법들을 배우거나 체험하는 기회가 종종 생긴다. 아마도 기업의 요구로 조직의 구성원들은 이러한 기법들을 몸소 익히기도 할 것이다. 필자는 미국에서 박사과정 대학원 학생일 때 이러한 전략과 기술들을 책으로 처음 배웠다. 정확한 수업 명은 기억이 나지 않지만 "창의성 기법과 전략" 수업이었던 같다. 한 학기 동안 창의성을 계발하고 증진시키기 위한 기술들을 몸과 머리로 배우고 실습하는 것이 주된 내용이었다. 고백하건대, 개인적으로 그리 재미있어 했던 수업은 아니었다. 오히려 힘든 수업이었다.

필자는 창의성 자체에 대해서 배우는 이론 수업을 정말로 좋아했다. 그런데 이 수업은 한 학기 동안 내내 문제에 대해서 고민하게 하고 책에서 배운 기법들을 활용해서 문제를 해결해야 하는 소위 머리와 몸을 동시에 쓰게 하는 "귀찮은" 수업이었다. 무엇보다도 책에 제시된 창의적 기법들은 당시 20대 중반의 필자에게 유치하게 생각되었고 하루하루 읽어야 할 책들이 산더미이고 익혀야 할 내용들이 많아서 여유 없는 학기를 보내고 있는 유학생에게 이런 수업은 '일종의 사치스러움이 아닐까?'라는 생각마저 들게 했던 것이 사실이다.

그럼에도 필자가 수업에 열심히 참여할 수밖에 없었던 것은 당시 수업 담당 톰 에이베어(Tom Hébert) 교수님의 창의성 전략에 대한 열정과 몸 움직임에 대한 강한 믿음 때문이었다. 한 학기 동안 우리들로 하여금 끊임없이 일어나서 온몸으로 여러 기법들을 연습해볼 것을 강요(?)하셨고 그러면서 그동안 가지고 있었던 예측 가능한 생각의 틀에서 벗어나도록 정말로 애써 주셨던 것을 생각할 때면 교수가 되어 학생들을 지도하는 지금, 필자의 입가에 미소가 지어진다. 그리고 무엇보다도 여러 전략들을 강의실에서 실습 아닌 실습을 했던 우리들을 보시면서 너무나 재미있어 하셨던 교수님과 유쾌한 학생들의 모습은 지금도 잊을 수가 없다. "내가 만약 사람이 아니고 곰이었다면 현재 지구의 환경오염 문제에 어떻게 반응했을까?", "빨간 색 코카콜라 캔을 다른 용도로 사용할 수 있는 방안 세 가지를 말해보기", "현재 냉장고에 있는 재료들로 아이가 좋아하는 음식을 만들어보기", "가족들이 반드시 해결해야 하는 집안 문제 한 가지를 선정하고 이를 창의적으로 해결하기", "기숙사 룸 메이트와 갈등없이 생활하기 위한 방안 만들기", "좁은 공간을 타인과 공유하기 위한 해결책 제시하기" 등 마음에 와 닿는 현실적이면서도 실제적인 문제들에 대해서 다양한 창의적 기법들을 활용하여 해결해야 하는 활동과 과제 중심으로 수업이 진행되었다.

필자를 비롯한 학생들은 문제 제기부터 문제 발견 그리고 이어지는 문제 해결 과정 전반에 걸쳐 남들이 생각해내지 못하는 새롭고 유용한 그러면서도 지루하지 않고 재미있는 놀라운 방안들을 제시하기 위해서 매주 생각과 생각을 거듭해야만 했다. 때로는 제시된 상황마다 개인적으로 느끼는 희로애락의 감정을 몸으로 표현해야 하는 경우도 있었다. 몸치였고 개인적인 감정을 드러내는 것을 그다지 좋아하지 않았던 필자가 자리에서 일어나 온몸으로 감정을 표현해야 하니 얼마나 어색하고 힘들었는지 모른다. 때로는 '왜 해야 하지?'라는 생각을 하기도 했지만 마음 한 켠에서는 스스로가 틀에 박힌 태도와 행동을 가지고 있었던 것에 대한 불만도 있었기에 "그냥 해보자" 마음먹고 열심히 해보기로 했다. 수업 시간이 싫지는 않았지만 필자에게는 익숙하지 않은 숙제였고 부담스러운 과제였으며 흥을 내기 위해서 부단히 애쓰고 용기 내었던 시간이었음에 틀림 없었다. 그럼에도 필자가 그동안 가지고 있었던 고정관념이나 반복적이고 정형화된 사고 방식에서 벗어나 의도적으로 사람과 사물, 일상을 다르게 생각해보고 통상적으로 괜찮다고 여기며 간과했던 것들을 보다 예민하게 받아들이면서 문제의식을 갖는 연습을 해보는 것에 대해서 모종의 쾌감을 느꼈던 적도 있었다. 이 모든 것들이 창의적인 사고에 기반한 문제해결 과정을 위한 연습이었다. 창의적 문제해결은 이렇게 시간과 노력이 필요한 것이다. 의도적이고 의식적인 노력이 당연히 필요했음에도 필자가 느꼈던 불편함, 그리고 수업을 충분히 즐기지 못했던 주된 이유는 창의적으로 생각하고 행동하는 데 익숙하지 않았기 때문이다. 다시 말해서, 창의성을 머리와 글로만 배웠을 뿐 실제 생활에서 경험과 행동으로 습관화시키지 못했기 때문이다.

어쨌든 열심히 노력해서 수업을 무사히 마칠 수 있었고 지금도 가끔씩 그 수업을 생각해보곤 한다. 특히 동료 박사과정 학생이었던 로리(Lori Flint)의 저글링(juggling)이 기억에 많이 남는다. 초등학교 교사였던 로리는 누구보다도 창의적이었다. 자신의 교직 경험에 대한 이야기도 스스럼없이 나누었고 세 자녀의 어머니로 교직 생활과 대학원 박사과정을 병행하면서 날마다 창의적일 수밖에 없는 상황에 대한 고민과 어려움을 토로하기도 하였다. 수업 시간에 처음 배운 창의적인 기법들은 사실 그녀처럼 초등학생이나 어린 아동을 대상으로 수업을 하거나 놀이 활동 등을 진행할 때 많이 활용되었다. 로리는 수업에 안성맞춤이었고 필자는 그런 그녀가 너무 부러웠다. 그러던 어느 날 수업이 한창 진행 중일 때 로리는 2~3개의 공으로 저글링하는 묘기(?)를 우리에게 보여주면서 자신은 창의성이 필요할 때마다 공중으로 공들을 번갈아 올리면서 주의 집중한다고 말했다. "와우, 대단해, 대단해!" 필자를 비롯한 동료 친구들이 환호하면서 그녀의 저글링에 함께 흥겨워 했던 장면이 지금도 떠오른다. 당시 문득 이런 생각을 했었다. '로리의 저글링은 그녀만의 창의적인 쉼(휴식)이자 운동(movement)이기도 했지만 교사, 학생, 주부, 그리고 어머니로서 여러 일들을 동시에 잘해내야 하는 당시 그녀의 모습이 아니었을까?'

창의성은 여러 일들을 동시에 진행하는 것과 같다. 한 가지 일에 집중해서 정해진 규칙과 틀에 맞추어 정답을 향해 나가는 것이 아니라 예측 불가능한 여러 갈래의 일들을 동시에 진행하면서 이전에 해보지 않은 것들을 시도하기 위해서 생각하는 방식을 바꿔가며 다양한 아이디어를 만들어야 한다. 마음을 열고 개방적으로 이런저런 것들을 해보기 때문에 당연히 시행착오를 겪을 수밖에 없다. 이러한 과정을 통해서 최선의 해결책을 찾아가는 것이 창의성에 도달하는 길이기에 창의성 계발은 혼돈과 혼란 속에서 정제된 질서를 찾아내는 지난한 여정과도 같다.

남들과 다르게 생각하고 행동하는 것은 말처럼 쉽지 않다. 어린 시절 가정에서부터 우리는 남들이 하는 것처럼 생각하고 행동하도록 배운다. 학교에서도 마찬가지다. 동일한 연령(대)의 학우들과 동일한 공간, 그것도 교육기관에서 10대 청소년기의 대부분을 보낸다. 성인이 될 때까지 이렇게 공동 생활을 하면서 비슷하게 생각하고 행동하도록 훈련 받다가 나이가 들어 각자의 분야에서 다른 것을 접하고 나름대로 전문성을 쌓으면서 일하기 시작할 때 창의성의 필요성을 절감하게 된다. 기존의 것을 답습하는 것으로는 발전하지 못한다고 질책을 받으면서 창의적이지 못한 자신을 바라보게 되는 것이다. 이 때부터 머리를 맞대고 창의적이 되기 위해서 몸부림치고 치열하게 노력해보지만 단언컨대, 창의성은 절대적으로 시간을 많이 요구한다. 시간이 많이 걸린다는 것은 집중 단기 과정으로 열심히 배운다고 습득되는 것이 아니라 어릴 때부터 차곡차곡 쌓여서 습관화되어야 한다는 것이다.

　사고하는 방식은 어느 순간 의도적인 노력으로 갑자기 변할 수 있는 것은 아닌 것 같다. 물론 순간적으로 변할 수는 있지만 중요한 것은 지속성이다. 필자는 창의적 사고 방식은 어린 시절 다양한 경험으로부터 만들어지는 것이라고 강하게 믿고 있다. 성인이 되어 창의적으로 생각하려고 노력하는 것도 물론 중요하고 의미가 있다. 그러나 창의성의 본질이 새로움과 다름에 있기 때문에 용기 있게 꾸준히 도전하고 모험심을 가지고 위험을 감수하면서까지 무언가를 해봐야 한다. 용기, 끈기, 도전, 모험심과 위험 감수는 성인이 되어 갑자기 생겨날 수 없다. 나이가 들수록 오히려 더 신중해지고 겁이 많아지기 때문이다.

(3) 이선영의 창의성 교육 프로그램: 창의·융합프로그램과 창의·리더십 프로그램

창의성 계발을 위해서 창의성을 먼저 발견하고 창의적 사고를 높이기 위한 전략과 기술들을 익히는 것에 대해서 살펴보았다. 앞서 밝힌 것처럼 필자가 대학원 박사과정 유학을 떠나면서 처음으로 시작한 창의성 공부는 해가 갈수록 창의성 계발과 교육에 대한 확신을 가져다 주었다. 그것의 첫 번째 결실로 창의성 발견을 위한 글로벌재능진단검사(i + 3C) 창의성 영역을 만들었다. 두 번째 결실은 창의성 측정과 진단 이후 찾아낸 창의적인 잠재성을 계발하기 위해서 만든 창의성 교육 프로그램이다. 필자가 2018년부터 개발하기 시작하여 현재 교육현장에서 활용하고 있는 창의성 교육 프로그램은 "창의·융합프로그램"과 "창의·리더십프로그램"의 두 가지이다.

(a) 창의·융합프로그램

글로벌재능진단검사(i + 3C)처럼 특별하게 이름을 붙이지는 않았지만 창의·융합프로그램은 이름 그대로 청소년들의 창의성과 융합적 사고 및 문제해결능력을 계발하기 위해서 만든 교육 프로그램이다. 2018년 대학부설 과학영재교육원에 다니는 중학생들을 대상으로 만든 창의성 교육을 위한 첫 번째 프로그램이었기에 내용을 구성할 당시 가장 역점에 두었던 것은 학생들로 하여금 창의성의 중요성을 깨닫게 하고 창의성 함양을 위한 재미있고 도전적인 경험들을 만들어주는 것이었다. 필자가 미국에서 영재교육과 창의성 교육을 공부할 때 관련 교육프로그램이 학생들의 재능 계발에 효과적이기 위해서 반드시 필요한 두 가지 요인을 반복적으로 검증한 적이 있었다. 바로 "재미와 도전"이다. 학생들의 창의성 계발을 위한 교육프로그램은 재미있으면서도 도전 의식을 북돋울 수 있어야 한다. 그래야만 학생들의 창의적 호기심을 자극하고 관심과 흥미를 지속시키며 이들로 하여금 창의적인 활동에 적극적으로 참여하게 할 수 있기 때문이다.

프로그램은 6주간의 활동으로 구성되어 있는데 i+3C 창의성 영역 검사를 통해서 나타난 학생들의 창의적 성향과 능력에 대한 진단 결과를 해석하고 이를 학생들과 공유하는 것으로부터 시작한다. 이어 창의성 개념을 실제 사례를 통해서 배우고, 창의적인 문제해결과정을 연습하고 실행하기 위해서 학생들이 공감할 수 있는 현실적인 문제를 제시하여 다양한 유형의 창의성 전략과 기술을 활용해보도록 되어 있다. 프로그램의 세부 활동은 학생 개인이 독립적으로 하는 것이 아니라 또래와 집단을 이루어 진행되는데 학생들로 하여금 협업의 필요성과 중요성을 배우는 기회를 제공하는 데 주안점을 두고 있다. 창의적 사고는 융합적 사고없이 불가능하다. 창의·융합프로그램은 융합적 사고 능력을 기르기 위해서 별도의 교육활동을 고려하기보다 학생들로 하여금 자신의 창의적인 강점과 약점에 대한 정확한 인식, 창의성 개념과 창의적인 사람들의 특성에 대한 이해, 창의적인 문제인식, 발견 및 해결과정에 대한 경험과 또래와의 협업을 통한 협동학습으로 창의적 그리고 융합적 사고 능력을 함께 기르도록 고안되었다. 창의성을 통한 융합, 그리고 융합을 통한 창의성이 중요하기 때문이다.

(b) 창의·리더십프로그램

필자가 개발한 두 번째 창의성 교육 프로그램은 창의·리더십프로그램이다. 첫 번째 것이 창의·융합적 사고와 문제해결능력 계발이 주된 목적이었다면 두 번째 프로그램은 리더십과 리더의 특성을 배우고 리더십을 발휘할 수 있는 기회를 제공함으로써 미래사회 리더로서의 역량을 함양하고 재능의 한 가지로 리더십의 중요성을 깨닫게 하는 데 목적이 있다. 창의·리더십프로그램도 총 6시간 과정으로 고안되었는데 청소년들로 하여금 자신의 리더십을 진단해보고 집단 과제 문제해결과정을 통해서 창의적인 리더의 역할을 경험해보게 하는 데 주안점을 두고 있다.

리더십은 필자가 매우 중요하게 생각하는 재능이다. 앞서 i+3C 검사의 마지막 C를 설명하면서 리더십(의사소통능력)을 지능과 창의성 못지 않게, 그리고 실제로는 그 이상으로 중요한 재능으로 믿고 있다고 말했다. 일반적으로 리더라고 하면 청소년들에게는 멀게만 느껴지는 "어른"으로 생각하기 쉽지만 필자는 리더십이 어릴 때부터 경험을 통해서 배우고 길러져야 하는 재능으로 믿고 있다. 따라서 어린 학생들에게 리더십과 리더의 특성들을 배우고 자신의 리더십 재능을 제대로 이해하도록 하며 리더십을 발휘할 수 있는 기회와 경험을 제공하는 것이 무엇보다도 필요하다. 미래사회에서 기대하는 인재는 남들이 보지 못하는 것을 볼 수 있고 생각하지 못하는 것을 생각하며 하지 못하는 행동을 기꺼이 할 수 있는 사람이다. 이러한 창의적인 태도와 사고 및 행동이 사회적으로 가치 있는 것으로 용인되고 공공선을 위해서 발현될 수 있도록 하는 것이 창의적인 리더십이다. 필자는 창의·리더십프로그램이 이와 같은 역할을 하길 바라고 그럴 수 있을 것으로 기대한다. 단, 지속적으로 꾸준히 어릴 때부터 프로그램 참여 기회와 경험이 제공되어야 한다.

창의성 교육 프로그램 개발과 운영에 관한 것도 필자에게는 검사도구 개발과 마찬가지로 반드시 풀어내야 하는 숙제였다. 글로벌재능진단검사를 개발하고 이를 연구와 현장에서 적극적으로 활용하여 학생들의 창의성을 측정하고 진단하면서 당연히 후속 과제로 창의성 계발을 위한 교육프로그램을 생각하지 않을 수 없었다. 진단검사도구와 마찬가지로 교육프로그램도 개발자의 신념과 믿음, 가치관과 교육관이 반영될 수밖에 없다. 지금 현재 그리고 미래사회에서 필자는 창의성과 리더십이 개인이나 집단이 반드시 가지고 있어야 하는 핵심 재능이라고 믿는다. 그리고 교육을 통해서 이들 재능이 개인과 집단 차원에서 계발될 수 있고 계발되어야 한다고도 믿는다. 왜냐하면 창의성과 리더십은 어릴 때부터 다양한 자극과 경험을 통해서 찾아지고 익혀지면서 재능으로 다듬어져 개인이나 사회가 정말로 이들을 필요로 할 때 그것의 진가를 보여줄 수 있기 때문이다. 이들의 공통점은 시간이 오래 걸린다는 것과 성인이 되었을 때 비로소 빛을 발휘할 수 있다는 것이다.

창의성은 어릴 때부터 자연스럽게 생활 속에서 경험하면서 습관적으로 체화되어야 한다. 공식적인 배움과 교육은 언제나 중요하지만 창의성은 배움과 교육보다 경험과 습관, 그리고 생활 자체에서 만들어지고 진보하는 것이 아닐까 생각해본다. 바라건대, 공식과 표로 배우는 창의성 교육이 아니었으면 좋겠다. 창의성이 중요하다고 허겁지겁 빨리하라는 식의 창의성 교육이 아니었으면 좋겠다. 그리고 창의적이지 못하다고 자학하지 않았으면 좋겠다. 왜냐하면 매일이 우리에게 크고 작은 창의성을 항상 요구하고 있고 그 복잡한 생활 속에서 우리는 생존해가면서 우리만의 창의성을 조금씩 그리고 천천히 성장시키고 있기 때문이다.

이선영 교수의 창의성 교육프로그램에 대한 자세한 정보는 다음의 사이트를 참고하길 바란다(https://www.notion.so/snutdcl/Welcome − to − TDCL − LAB − f36d9953ad734655b5d5cc6669f3f727).

9 이선영 교수의 아홉 번째 창의성 이야기 창의성 교육의 방향

필자는 창의성과 창의성 교육에 대한 강연을 많이 하고 있다. 대상도 교사, 학부모, 교육 행정가, 기업인을 비롯한 조직 구성원들과 전문가 집단, 초등학생부터 대학생, 창의성을 공부하는 대학원 학생들까지 전 연령층에 걸쳐 창의성에 관심이 있거나 창의적이고 싶어하는 사람들에게 창의성 관련 이야기를 하고 있다. 물론 대학에서 매 학기 창의성과 창의성 교육 수업들을 개설하고 가르치기도 하지만 특강으로 만나는 다양한 사람들을 통해서 어떻게 하면 창의성을 쉽게 설명할 수 있을지, 어떻게 하면 창의성 교육을 효과적으로 할 수 있을지, 어떻게 하면 창의성을 생활 속에서 내면화하여 습관화시킬 수 있을지 등에 대한 현실적인 방안들을 더욱 고민하게 된다.

이 책은 필자가 창의성 관련 특강들을 할 때 통상 진행하는 주제와 순서에 따라서 구성하였다. 특강으로 만나는 사람들은 창의성을 전문적으로 공부하는 사람들도 있지만 창의성을 이론이나 학문, 연구와 관련해서는 처음으로 듣는 사람들이 대부분이다. 따라서 우리 독자들이 창의성과 창의성 교육에 조금 더 쉽고 친근하게 다가갔으면 하는 마음으로 이번 책도 특강에서 다룬 내용과 순서대로 써 내려갔고 이제 드디어 마지막 이야기를 한 가지 남기고 있다. 창의성 이야기들 중 필자가 항상 마지막으로 다루는 내용은 창의성 교육이고, 어느 순간부터 지금부터 이야기할 줄리어드 음악학교 학생들의 창의성 발달에 관한 내용으로 마무리하게 되었다. 필자에게 창의성 교육의 방향성에 대해서 진지하게 생각해보게 했던 연구이자 창의성 교육에서 반드시 고려해야 하는 내용을 포함하고 있다고 믿기에 관련 연구를 소개하면서 창의성 교육에 대한 생각을 정리해보고자 한다.

필자가 너무나 좋아하고 존경하는 학자, Rena Subotnik(필자는 "리나"로 부른다)이 동료 학자(Linda Jarvin)과 수행한 줄리어드 학교(The Julliard School) 학생들의 음악 창의성(재능) 발달 연구는 음악학교 입학생들의 학교 입학 시기부터 다루고 있다. 우리에게도 잘 알려진 줄리어드 학교는 뉴욕시 맨해튼의 링컨센터에 있는데 음악을 필두로 모든 공연예술분야를 다루는 명실상부한 세계 최고의 예술학교 중 하나이다. 특히 줄리어드 음대라고 일반적으로 일컬어지는 음악학교는 우리에게도 친숙한 정트리오(정명화, 정경화, 정명훈)를 비롯해서 세계적으로 유명한 음악가들이 거쳐간 최고의 교육기관이다. Subotnik이 이처럼 유명한 줄리어드 음악학교(이하 줄리어드)를 졸업한 학생들을 연구하게 된 이유는 무엇이었을까? 다음과 같은 물음에 기인한다: "왜 줄리어드를 졸업한 뛰어난 음악가들이 모두 탁월한 연주자, 궁극적으로 창의적이고 저명한 음악가로 남아있지 않는 것일까? 그렇게 뛰어난 학생들은 졸업 후 모두 어디에 가 있을까?" 많은 사람들이 실제로 궁금해하는 문제이다. 통상 줄리어드에 입학하면 음악가로 커리어와 성공이 보장되어 있을 것 같은데 실상은 그렇지만은 않다. 단지 소수의 음악가들만이 일명 업계에서 살아남아 세계를 누비며 활발하게 연주와 공연 활동을 하고 있을 뿐이다. 그 많은 입학생들과 졸업생들은 모두 어디에 있는 것일까?

Subotnik의 연구는 줄리어드에 입학한 학생들의 음악적성 능력(음악적 기술)으로부터 창의성 발달 과정을 이야기한다. 줄리어드 입학생들은 모두 뛰어난 음악적성능력을 가지고 있다. 이들이 뛰어난 음악적 기술(테크닉)을 가지고 있는 것에 대해서 이의를 제기하는 사람들은 많지 않을 것이다. 연구자는 이렇게 뛰어난 음악적 기술을 가지고 있는 학생들이 유능한 음악가로 성장하기 위해서 다양한 자극과 경험, 환경적 지원, 교수와 훈련(연습)이 필요하다고 주장하였다. 뉴욕시 맨해튼이라는 곳은 이들의 음악 재능을 키울 수 있는 자극과 경험을 제공하는데 최적의 환경 여건(창의적 환경!)을 가지고 있다. 뿐만 아니라 줄리어드에 있는 뛰어난 음악 선생님들을 만날 수 있는 것도 학생들에게는 커다란 혜택 중의 하나이다. 여기에서 중요한 것은 이렇게 좋은 환경적 지원과 혜택을 누릴 수 있는 사람들이 그리 많지 않다는 것이다. 비슷한 실력으로 줄리어드에 입학했지만 자신에게 주어진 기회를 최대치로 활용할 수 있는 사람들은 소수이며 이들만이 유능한 음악가로 성장할 수 있다는 것이다. 특히 자신의 재능을 알아봐주고 아껴주는 교수자(멘토)와의 만남은 그리 쉬운 일이 아니다. 앞서 이야기한 멘토와의 만남에서처럼 멘토링이 지속되기 위해서는 멘토와 멘티 모두 서로에게 도움이 되어야 한다. 따라서 교수자와 학습자(학생) 모두에게 만족과 행복을 줄 수 있는 사제관계를 맺기 위해서는 서로에게 맞는, 일명 코드가 맞는, 교수자와 학습자를 각각 만나야 한다. 분명 쉬운 일이 아님에 틀림없다.

유능한 음악가로 성장한 줄리어드 졸업생들 중 또 다시 소수만이 음악 전문가로 인정을 받게 된다. 전문가로 성장하기 위해서 필요한 것들이 있다. 자신의 강점과 약점을 정확히 알기, 떨어진 자신감을 회복하기, 사회성과 순발력 등이 그것이다. 첫 번째 요인은 자신이 무엇을 잘하고 보완해야 하는지 제대로 알아야 한다는 것이다. 그만큼 정확한 자기 이해가 쉽지 않다는 것인데 자신의 강점과 약점을 모두 잘 알고 있을 때 강점을 강화하고 약점을 보완하는 재능 계발이 가능하다. 두 번째 요인은 음악학교 학생들의 대부분이 명문 줄리어드에 입학할 당시에는 자신감이 충만해 있었지만 점점 이들이 현실을 직시하게 된다는 것이다. 자신이 언제나 최상위의 자리에 있었는데 줄리어드에서 만난 동료와 선배들은 너무나 뛰어난 사람들이라는 것을 새삼 깨닫게 된다. 그동안 축적되었던 자신감이 떨어지기 시작할 것이고, 많은 경우 이들이 처음 경험하는 것이기도 하다. 여기에서 중요한 것은 떨어진 자신감과 자존감을 회복해야만 현 단계를 뛰어넘어 성장할 수 있다는 것이다.

세 번째 사회성과 순발력은 함께 이야기할 수 있다. '음악가가 무슨 사회성이 필요해? 자신의 음악만 하면 되지. 순발력은 또 무슨 소리야? 운동 선수도 아니고…' 이렇게 생각하는 독자들도 있을 것이다. 그런데 사회성과 순발력은 전문가로 나아가는 데 매우 중요한 능력이다. 음악가들은 혼자 연주하고 작업을 하기에 다른 사람들이나 음악계 그리고 일반 대중들을 의식하지 않고 묵묵히 자신의 길만을 걸어갈 것으로 생각한다면 잘못된 생각이다. 음악가들은 현재 음악계와 전문 음악가 뿐만 아니라 현재 대중들이 무엇을 원하는지 읽을 수 있어야 한다. 특히 음악 분야에서 자신에게 무엇을 요구하고 기대할 수 있는지, 자신의 강점을 바탕으로 원하는 음악을 추구하고자 할 때 어떠한 노력을 기울여야 하는지, 자신만의 스타일과 현재의 음악, 그리고 음악을 즐기고 사랑하는 사람들과 어떻게 조화와 균형을 이루며 자신만의 것을 만들어낼 수 있을지 등을 알아야 한다. 소위 말하는 "행간을 읽는다"라는 표현이 있는데 필자는 이것이 창의성의 핵심 요인 중 하나인 유용성과도 일맥 상통하다고 생각한다. 왜냐하면 개인이 아무리 창의적이라고 해도 보여주는 창의적인 성과가 타인과 조직, 그리고 사회에서 받아들여지지 않으면 창의적인 것이 될 수 없기 때문이다. 다시 말하건대, 사회적으로 수용 가능할 때 그것의 진가가 발휘되고 가치를 인정받을 수 있게 된다. 전문가로 성장한 음악가들은 음악적 기술과 능력뿐만 아니라 분명 사회성과 순발력을 겸비하고 있는 유능한 사람들이다.

마지막으로 전문가로부터 음악계에 중대한 영향을 미치고 일반 대중들의 마음을 사로잡아 커다란 울림을 주는 음악을 할 수 있는 저명한(eminent) 음악가로 성장하여 자리를 잡을 수 있는 사람들은 정말로 극소수다. 소위 커다란 창의성의 소유자이다. 음악을 좋아하는 사람들이면 통상 좋아하는 연주자, 지휘자, 작곡가들이 있을 것이다. 이들이 일반인들에게도 많이 알려진 사람들이라면 전문가 수준 이상인 몇 안되는 저명한 음악가의 범주에 포함될 가능성이 높다. Subotnik의 연구에서 맨 마지막 단계에 해당하는 저명함을 가지고 있는 줄리어드 출신 음악가들은 앞서 설명한 개인적, 사회적, 환경적 요인들과 함께 다음의 것들을 더 가지고 있었다. 네트워킹, 도전의식, 리더십과 카리스마이다. "정치하는 사람들도 아닌

데 왜 정치가들에게 요구하는 특성들을 필요로 하지?"라며 의 구심을 가질 우리 독자들을 위해서 이를 조금 더 상세히 설명 하고자 한다.

뛰어남을 넘는 탁월한 음악가들은 음악적 기술과 능력, 소 양뿐만 아니라 자신만의 음악을 추구할 수 있어서 하고 이를 타인과 음악계, 그리고 일반 대중에게도 "팔 수 있어야" 한다. "판다(셀링, selling)"라는 것에 대해서 경우에 따라 약간의 반감을 가질 수도 있을 것이다. 필자는 "판다"라는 것은 나를 넘어 타인과 사회를 설득하는 매우 중요한 능력으로 보고 있 다. 음악가가 창의성을 인정받을 수 있는 것은 분명히 남들과 다른 자신만의 색깔과 개성을 가지고 있을 때 가능하다. 전문 가는 안정적이고 충분히 명예롭고 여유로운 생활을 할 수 있 다. 그러나 창의적인 음악가는 편안함과 안정적인 삶에 안주 하지 않는다. 자신만의 것을 만들어내기 위해서 새로움을 갈 구하고 이를 지속적으로 추구한다. 이것이 바로 도전의식이 다. 진정으로 창의적인 음악가로 인정받기 위해서는 음악가의 음악이 개인 차원의 만족과 성취를 넘어 타인과 사회의 마음 을 사로잡아야 한다. 리더십과 네트워킹이 필요한 부분이다. 리더십을 이야기하면서 필자는 의사소통능력의 중요성을 강조하였다. 의사소통은 단순히 말로만 하는 것이 아니다. 음악가들은 음악을 통해서 사람들 그리고 세상과 대화한다. 이와 같은 의사소통을 가능하게 하는 것이 네트워킹이다. 음악가 자신의 음악을 널리 알려주고 홍보하는 것(예: 에이전트, 에이전시), 음악을 통한 대화를 가능하게 하는 공연 기회를 만들어주는 것, 실제로 공연을 통해서 보고 듣지는 못해도 음반을 통해서 세계 곳곳에 있는 사람들을 만날 수 있게 하는 것, 이외에도 하루가 다르게 빠르게 진화하는 세상 속 사람들에게 음악가의 음악을 들을 수 있는 방안들을 강구하는 것 등이 네트워킹과 관련된 것이다. 네트워킹은 사람도 될 수 있고 사물도 될 수 있다. 음악가는 자신만의 고유한 음악을 가지고 있을 때 대중을 그 음악 속에 빠져들게 할 수 있다. 단순히 음악적 테크닉이 뛰어나다고 해서 가능한 일이 아니다. 음악가 나름대로의 무언가를 가지고 있어야 한다는 것이다. 타인을 설득하고 내 것에 공감할 수 있게 하는 것, 필자는 이를 카리스마라고 부르고 싶다. 카리스마가 있는 음악가들은 자신만의 것을 가지고 있다. 이것이 바로 창의성이다.

　필자가 창의성 교육의 마지막에 Subotnik의 모형을 포함하게 된 계기는 창의성 교육에 대해서 치열하게 고민했을 때 만났던 가장 인상적인 연구였기 때문이다. 물론 연구자들이 필자처럼 연구 결과에 대한 해석을 똑같이 하지는 않는다. 그러나 이 모형은 필자가 생각하는 창의성 교육의 지향점을 가장 잘 보여주고 있다. (커다란) 창의성은 유능한 음악가와 전문가 수준의 음악성을 뛰어넘을 수 있을 때 진정으로 발현될 수 있다. 열심히 연습하고 노력해서 베토벤, 모차르트, 슈베르트, 쇼팽, 차이콥스키 등 저명한 작곡가들의 곡을 기가 막히게 연주한다고 창의적일까? 창의성은 분명 음악적 테크닉과 능력 이상의 것임에 틀림없다. 그러나 여기에서 우리는 창의성 계발이 기본 능력을 갖추고 있는 것에서부터 출발한다는 사실을 잊어서는 안될 것이다. 줄리어드 음악학교 학생들은 우수한 음악 학도였지만 모두 창의적인 음악가들이 아니었을 뿐이다. 이들은 창의적인 음악가가 될 수 있는 잠재성을 가지고 있었지만 이후 발달 과정에서 필요한 음악적성능력 외의 것들을 모두 가지고 있지 못했던 것이다.

필자는 창의성 교육을 다시금 생각해본다. 필자가 학교를 다닐 때 창의성 교육을 배워본 적이 있었을까? 그리고 지금은 무엇을 중요하게 생각하고 창의성을 가르칠까? Subotnik의 모형에서 강조하는 다양한 자극을 경험하기, 나를 제대로 알

줄리어드 음악학교 졸업생들에 대한 연구를 통해서 창의성의 발달 가능성을
주장한 Rena Subotnik과 남편 Ed, 이선영 교수(중앙),
서울대학교 교육학과 교육심리전공 박사과정 학생들
(2019년 10월, 서울 덕수궁 방문 당시)

아봐주는 선생님 만나기, 나의 강점과 약점 알기, 자신감 회
복하기, 사회성과 순발력 기르기, 도전의식 갖기, 나의 재능을
셀링(selling)하기, 리더십과 카리스마 기르기 등 어느 하나도
학창 시절에 제대로 배우거나 경험해본 적이 없다. 오히려 성
인이 된 후 여러 시행착오를 거치면서 나의 재능을 소중히 알
아봐준 멘토를 만났고, 나에 대해서 조금씩 더 알게 되었으며
늘 반성하고 용기 내어 도전하고 있다. 또 나의 재능에 대해

서 부끄럽지만 셀링도 하며 자신감 회복을 위해서 고군분투 중이다. 그리고 나만의 것을 찾아서 이를 우리 학생들을 비롯한 타인과 학계, 그리고 우리 사회에 조금이라도 도움이 되는 무언가를 하는데 쓸 수 있기를 바라며 지금도 열심히 노력하고 있다. 100세 시대를 살면서 절반을 살았으니 늦지 않았다고 위로도 할 수 있겠지만 류시화 시인의 시집 제목처럼 이런 생각을 해본다. '지금 알고 있는 걸 그 때도 알았더라면…' 창의성 교육이 Subotnik의 모형에서 중요하게 이야기되는 것들을 기르는 교육으로 갔으면 좋겠다. 여전히 창의성 교육에서 중요하게 놓치는 부분들이 너무 많은 것 같다.

Q&A 여전히 질문이 있어요 … 이선영 교수에게 물어보세요!

Q1. 다시 한번 정리해보는 창의성, 창의성은 무엇인가요?

창의성은 "**독창적으로 사고하고 독창적으로 무언가를 만들어내는 능력**"으로 이 때 독창성은 창의적인 개인에게만 독창적인 것이라 타인과 조직 그리고 사회로부터 독창적인 것으로 인정받아야 합니다. 창의성을 한 줄로 정의하는 것은 불가능합니다. 창의성 개념 자체에 대한 정의인지, 창의성의 본질적 속성에 대한 정의인지, **창의적인 사람과 업적에 대한 정의인지, 이들 모두를 포함하는 것인지 사실 명확하지 않습니다.** 앞서 기술한 한 줄의 정의가 창의성 자체에 대한 것이라면, 이를 실제적으로 조금 더 확장해보면, 창의적인 사람은 영역과 영역을 넘나들 수 있는 통찰과 직관력을 가지고 있어야 하며 이에 따라 남들이 보지 못하거나 하지 못하는 뻔하지 않은 사고와 행동이 가능해야 합니다.

영역과 영역을 넘나든다는 것은 다양한 분야에 대한 관심과 흥미가 있고 다재다능하며 한 분야에 대한 지식과 기술이 다른 분야에서의 수행에 도움을 줄 수 있다는 것을 의미합니다. 창의적인 사람들의 개방적인 사고와 태도, 생각의 융통성과 유연함, 모험심과 도전 의식은 영역과 영역을 넘나들 수 있게 하는 동기와 기회를 제공합니다. 이러한 특성들은 창의적인 사람들로 하여금 예민하고 감각적이게 하며 전형적인 사고의 틀로부터 벗어나 새로움을 추구할 수 있게 하는 원동력이 됩니다. 그런데 앞서 반복적으로 이야기한 것처럼 **새로움의 가치는 내가 아닌 남이 정합니다.** 지금 바로 우리 사회에 도움이 되어야 합니다. 창의적인 사람들이 통제가 없는 자유와 자율만을 추구한다고 생각한다면 잘못된 생각입니다. 이들은 자신과 사회가 모두 수용할 수 있는 독창성의 경계를 인지하고 개인 수준의 독창성이 포용 가능한 사회적 기준에서 벗어나지 않도록 조율하고 타협할 수 있는 능력을 가지고 있습니다. 따라서 **창의적이 되려면 통제 없는 방만이 아닌 행간을 읽을 수 있는 자유를 즐길 수 있어야 합니다.**

창의성을 다시 한번 정리하면서도 여러 가지 이야기들이 나옵니다. 그럼에도 불구하고 저는 창의성의 가장 핵심적인 요인을 **"사람과 시대가 인정하는 독창성"**으로 꼽고 싶습니다. 창의적인 사람은 "여러 영역"에서 다른 사람들과 시대가 인정하는 독창성을 보여줄 수 있지만 **위대한 업적은 그(녀)가 가장 몰입할 수 있는 자신의 유일한 (또는 소수) 영역에서만 가능합니다.** 그만큼 창의성을 계발하고 실현하는 과정이 만만치 않다는 것입니다. 이와 같은 이유로 **창의성은 어린 아동이나 학생들이 아닌 상당한 업적을 이룬 성인들을 대상으로 이야기할 수밖에 없습니다.**

창의성을 이야기할 때 반드시 간과해서는 안되는 것은 **창의적인 결과물이 선하고 공익에 부합해야 한다는 것입니다.** 실제로 창의성 개념 자체를 정의할 때에는 창의성의 선한 가치에 대한 논의를 반드시 포함하지는 않습니다. 그러나 저는 창의성이 공동의 선을 추구해야 한다고 강하게 믿습니다. 왜냐하면 창의성은 우리 인간이 가지고 있는 고유한 재능이기 때문입니다. 지금 이 글을 쓰고 있는 2021년 9월은 미국에서 9/11 테러가 발생한 지 꼬박 20년이 되는 때입니다. 지난 주 9/11, 20주년을 맞이하여 미국 CNN을 비롯한 외신에서 추모행사와 관련 자료들을 지속적으로 방영하고 있습니다. 지난 주말 내셔널 지오그래픽(National Geographic) 방송에서 9/11관련 다큐멘터리(제목: One Day in America, 그 날 미국에서)를 방영했습니다. 의도적으로 피하면서 보고 싶지 않았지만 3부작으로 이루어진 방송을 필자는 결국 모두 시청해버리고 말았습니다.

9/11(나인 원 원 nine one one)은 너무나도 생생하게 기억이 나는 날입니다. 왜냐하면 당일 아침 여느 때처럼 CNN을 보면서 아침을 먹고 있었고 CNN앵커의 "Oh my God!" 외침을 들으면서 구름 한 점 없는 청명한 가을 아침, 뉴욕 맨하튼의 세계무역센터를 관통하는 작은 비행기(화면으로는 작게 보였음)를 생중계로 보았기 때문입니다. "이게 도대체 무슨 일이야? 내가 뭘 본 거야? 꿈이야? 생시야…!" 하며 경악했던 순간이 지금도 눈 앞에서 그려집니다. 하필 그 날 저는 박

사학위 논문 준비를 위해서 오전 11시에 자문을 받기로 한 교수님과의 미팅이 있었습니다. 극심한 충격으로 놀란 마음을 진정시키고 미팅 시간에 맞춰 학교에 갔을 때 학과 사무실에서 담당 직원들과 학생들이 웅성웅성하며 TV 앞에 모여 아침에 벌어진 일들에 대해서 이런저런 이야기를 하고 있었던 모습을 잊을 수가 없습니다. 정말로 상상할 수 없었던 일이었고 전혀 예측하지 못한, 아니 예측할 수 없는 방법으로 일어난 비극이었습니다. 민간인 2,977명을 포함해서 2,996명의 사망자를 냈던 참혹한 테러, 미국을 비롯한 전 세계인들에게 테러의 잔혹함과 비극적인 참상을 실시간으로 각인시키고 이후 비행기 탑승을 비롯해서 우리 생활 전반에 불편한 영향을 끼쳤던 이 사건을 어떻게 잊을 수가 있을까요? 9/11테러는 인간의 창의성이란 무엇인지에 대해서 다시 한번 생각하게 했습니다.

세계 역사상 가장 많은 사망자(3,000명에 이르는 사망자와 25,000명 이상의 부상자)가 발생한 테러, 최소 100억 달러의 재산 피해와 함께 미국 역사상 단일 사건으로 가장 많은 소방관(340명)을 잃게 한 9/11, 테러를 자행한 이슬람 과격 단체들의 목적이 이처럼 참혹한 결과를 양산하는 것이었다면 이들의 행동은 독창적이고 효율적이었다고 말할 수 있을까요? 그래서 창의적이라고 할 수 있나요? 절대로 아닙니다! 왜냐하면 **인간의 고유한 능력이나 특성, 재능은 공익과 선함을 반드시 가정하고 있어야 하기 때문입니다.** 이는 창의적이기 되기 위한 "필요충분"조건입니다.

　창의성은 인간이 가지고 있는 고유한 능력이자 재능입니다. 그래서 '누구나 창의적인 잠재성을 가지고 있다'는 생각에 상당 부분 동의하고 있습니다. 작게는 우리의 일상 생활, 크게는 우리의 인생 여정은 매 순간 우리를 예측하지 못하는 상황에 놓이게 하고 무언가를 고민하고 결정하고 해결하도록 강요하고 있습니다. 그래서 창의성은 항상 필요합니다. 동일한 방식으로 사고하고 문제를 해결하려는 순간 한계에 부딪히게 되고 제대로 작동하지 않음을 우리는 경험으로 잘 알고 있습니다. 그럼에도 다른 사람과 사회가 인정하는 독창성을 가득 품은 창의성은 일반인들과 일상 생활과는 거리가 있어 보입니다. 여전히 커다란 수준의 창의성만을 창의성이라고 믿는 사람들이 많습니다. 우리 독자들도 그럴 것입니다. 창의성이 우리 모두의 것인지 아니면 몇몇 사람들의 것인지 결론 내리는 것은 사실상 불가능합니다. 어떻게 창의성을 보느냐에 따라 달라지기 때문입니다. 그러나 창의성은 분명 새로운 시각과 관점에서 사고하고 구태의연함에서 벗어나 변화를 추구하며 허를 찌르는 놀라운 새로움과 관련되어 있습니다. 그리고 많은 사람들에게 도움이 되어야 합니다. **창의성은 선합니다.** 우리 인간만이 가지고 있고 우리 사회에 긍정적인 영향력을 미칠 수 있도록 선하게 발전시켜야 하는 창의성, 그래서 오랜 기간 시행착오를 거치지만 궁극적으로는 실현 가능한 재능이 바로 우리의 창의성입니다.

Q2. 다시 한번 정리해보는 창의성 기르기, 창의성을 기르려면 어떻게 해야 하나요? 가장 중요한 노하우를 알려주세요.

창의성 기르기는 문제에 대해서 "왜?"라는 의구심을 품고 이를 해결하기 위해서 개방적인 태도와 다각적인 방식으로 기존에 가지고 있었던 생각의 틀을 깰 수 있는 사고 능력을 기르는 것에서부터 출발합니다. "호기심"과 "다르게 생각하기"가 창의성 교육의 시작입니다. 이를 위해서 어려서부터 책 읽기를 습관화해서 다양한 지식과 정보를 접하고 예술과 문화 및 체육 활동을 통해서 감각적으로 자극에 노출되며 상상력을 발휘할 수 있는 경험을 쌓는 것이 중요합니다. **책 읽기, 예술과 문화 및 체육 활동은 창의성 계발과 발현에 중요한 직·간접적인 경험들을 제공합니다. 어린 시절부터 창의적 경험들을 자연스럽게 습관화시키는 일이 필요할 것으로 보입니다.**

창의성 교육에서 가장 아쉬운 점은 창의성을 기르기 위해서 교육하고 훈련하는 것이 필요하다고 깨닫는 때가 대개의 경우 성인이 되어 조직의 구성원으로 일을 하면서부터라는 것입니다. 학교에서 공부를 잘하기 위해서 아동은 (아주) 어린 나이부터 여러 가지 활동에 참여합니다. 집 안팎에서 국어, 영어, 수학, 과학 공부뿐만 아니라 학교 공부에 도움이 된다고 생각되는 과외 활동도 부모의 전폭적인 지원과 지지를 바탕으로 어릴 때부터 시작합니다. 그런데 정착 창의적인 학생이 되기 위해서는 어떠한 노력을 하고 있을까요? 아마도 우리 독자들 대부분도 "없다"며 고개를 저을 것으로 생각합니다. 그러나 성인이 되어 조직의 구성원으로 일을 하거나 심지어 혼자서 일을 하게 될 때에도 창의성과 창의적인 사람이 되는 것은 너무나 중요한 과업이 됩니다. 왜냐하면 개인과 조직의 안녕과 성장, 보다 단적으로는 생존과 관련된 문제이기 때문입니다. 그러나 왜 우리는 창의적이 되기 위한 노력을 미리 하지 않는 걸까요?

지금 독자들은 마지막 질의 응답 부분을 읽고 있는데요, 여전히 창의성은 훈련과 교육으로 길러지기보다 선천적으로 타고나야 한다고 생각하나요? 그리고 최소한 타고나야만 계발도 가능하다고 생각하나요? 여전히 창의성을 계발하고 교육하는 것이 어렵게 느껴지나요? 이 질문들에 대해서 모두 "아니오"라고 자신 있게 말할 수 있을까요? 창의성을 20년 이상 공부한 저도 사실 이러한 질문들이 어렵습니다. 그러나 창의성이라는 것이 어린 시기에 발현되는 것이 아니라 오랜 시간의 노력과 경험, 이에 따른 좌절과 실패 경험, 그리고 이를 극복하기 위한 끈기와 인내의 결과로 이루어진다는 사실을 배우고 경험하면서 창의성 기르기는 가능하다는 확신을 가지게 되었습니다. 그러나 창의성 기르기는 성인이 되어 비로소 단기간에 길러지는 것이 아닙니다. 물론 노력을 하지 않는 것보다 의도적으로 노력하면 작은 변화라도 가지고 올 수 있지만 **창의성은 사골 곰탕처럼 장기간 푹 고아지면**

서 우러나오는 힘, 그야말로 저력과도 같습니다. 창의성의 저력은 누구도 예측하지 못하는 상황에서 궁극적으로 발휘됩니다.

2020년 초부터 기승을 부리는 코로나(COVID-19)로 인해 교육과 일상의 대부분이 비대면 온라인으로 전환되면서 사용하기 시작한 것이 줌(Zoom)이라는 화상회의 소프트웨어 프로그램입니다. 이제 줌으로 불가능한 것이 없다는 생각이 들만큼 너무나 익숙해진 이 화상회의 프로그램은 2012년 중국계 미국인 에릭 유안(Eric Yuan)에 의해서 창립된 Zoom Video Communications이 개발한 것입니다. 2012년 8월, 15명까지 화상회의가 가능한 줌 베타버전이 만들어졌는데 당시만 해도 관련 프로그램이 없었던 것은 아니었지만 지금처럼 우리 생활 속에 깊숙이 들어와 있지는 않았습니다. 2020년 초(2월경)부터 COVID-19가 전 세계를 강타한 전염병이 되면서 줌은 2020년 기준, 2.22백만 사용자를 확보하게 되었습니다. 2020년 4월에는 하루에 줌을 통해서 미팅에 참여한 사람들이 3억명이 넘었다고 합니다. 줌 프로그램의 개발자 유안은 2020년 타임지가 선정한 올해의 경영인(*Time* Businessperson of the Year)으로 이름을 올렸고 이제는 누구도 부인할 수 없는 세계적으로 영향력이 있는 기업인이 되었습니다.

2년에 가까운 시간 동안 계속되는 COVID-19가 우리의 생활을 이렇게 변화시킬 것으로 누가 예상이나 했을까요? 지금 이 글을 쓰고 있는 저도 백신 2차 접종 후 이틀을 꼬박 앓다가 지금에서야 정신을 차리고 식은 땀을 흘리면서 자판을 다시 두드리고 있습니다. 창의성은 우리가 필요할 때 예고없이 부릅니다. 창의성은 언제 얼마만큼 어떻게 필요하다고 미리 알려주지 않습니다. 창의성은 편안한 시간과 장소에서 우리를 부르지 않습니다. 따라서 창의성이 필요한 순간 그동안 노력한 과정과 결과들을 보여줄 수 있을 때 비로소 창의적으로 공헌할 수 있습니다. 창의성 교육은 불편하기도 하고 평상시에는 필요 없는 것 같기도 하며 나오는 상관이 없고 나와 내 가족이 먹고 사는데 특별하게 필요한 것 같지도 않습니다. 그리고 우리 아이가 공부를 잘하고 좋은 대학교에 입학하는 데에도 관여하고 있는 것 같지 않습니다. 그러나 우리가 잊지 말아야 할 것은 창의적인 사람들이 있었기에 우리가 이렇게 건강하고 재미있고 편안하고 윤택하게 살 수 있다는 것입니다. **창의성은 길러지지만 미리미리 진작에 준비해야 하는 것입니다.**

창의성 교육에서 가장 중요한 창의적 습관 기르기는 "왜 그럴까?"라는 의문을 제기할 수 있는 호기심에서부터 출발합니다. 호기심은 남들과 다른 것을 생각하는 것에서부터 시작되며 이를 충족시키기 위해서 **어릴 때부터 책 읽기와 다양한 예술, 문화 및 운동 경험이 필요합니다.** 다른 사람들의 생각과 관점을 이해하기 위해서 개방적인 태도를 갖는 것이 무엇보다도 중요하기에 집을 떠나 낯선 곳으로의 여행과 이질적인 문화 경험 등도 창의성을 기르는 방안으로 강하게 추천합니다. 그러나 **여행과 문화 생활은 아동이 이로부터 무언가를 얻고 의미를 찾을 수 있을 때까지 기다려야 합니다.** 아무 것도 모르는 어린 아이에게 여행은 어릴 때부터 해야 한다며 제 아무리 좋은 곳을 많이 데리고 다녀도 사실 아이 머릿속에 기억에 남는 것은 없습니다. 아마도 힘들었던 시차 적응과 맛있게 먹었던 음식 정도만 생각이 날 뿐입니다. 창의성 기르기는 분명 인내와 시간, 그리고 다양성을 요구합니다. 조급한 마음을 버리고 "나도 창의적이 될 수 있다"는 믿음으로 어릴 때부터 생활 속에서 창의성 기르기를 하나씩 실천해보면 어떨까요? 오늘부터 "왜?...!"라는 질문을 마음 속에 넣고 사람과 사물과 생활 속에서 벌어지는 일들을 관찰하고 생각해보세요. 그동안 너무나 당연하게 여겨졌던 것들이 조금은 다르게 와닿고 보이지 않을까요? **창의성 교육은 어린 시절 체화된 창의적인 마음과 태도로부터 싹터서 다양한 곳에서 다양한 사람들과의 이질적인 경험과 교류를 통해서 길러지고 다듬어지는 과정인 것 같습니다. 의도를 가지고 단기간에 주입식으로 동일하게 투입되는 창의성 교육이야말로 가장 창의적이지 못한 교육입니다.**

VI. 참고해서 읽을 거리

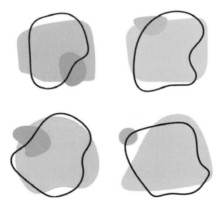

보다 더 자세한 내용을 알고 싶어하는 우리 독자들에게 각 장의 주제별로 다음의 읽을 거리를 추천합니다.

I. 창의성 이야기

[형태심리학, 통찰에 관한 연구]
- Chance, M. (1960). 179. Kohler's Chimpanzees—How Did They Perform? *Man, 60*, 130−135. doi:10.2307/2797042
- Kohler, W. (1925). *The mentality of apes.* (E. Winter, Trans.). Harcourt, Brace.

[공학 창의성]
- Cropley, D., & Cropley, A. (2005). Engineering creativity: A systems concept of functional creativity. In J. C. Kaufman & J. Baer (Eds.), *Creativity across domains: Faces of the muse* (pp. 169−185). Mahwah, NJ: Lawrence Erlbaum Associates.

[기업 창의성]
- Sohn, S. Y., & Jung, C. S. (2010). Effect of creativity on innovation: Do creativity initiatives have significant impact on innovative performance in Korean firms? *Creativity Research Journal, 22*(3), 320−328.

[건축 창의성]
- 이선영, 김정아, 김진우(2018). 건축가들의 창의적 사고와 영재성 발현에 영향을 미친 문화적 요인에 대한 탐색. **영재와 영재교육,** **17**(1), 47−82.
- Lee, S.−Y., & Lee, G. (2017). Creative process and

experiences leading to creative achievement in the case of accomplished architects. *Asia Pacific Education Review, 18*(2), 253−268.

[과학과 예술의 만남, 융합]

− Root−Berstein, R., & Root−Berstein, M. (1999). *Sparks of genius: The 13 thinking tools of world's most creative people.* New York: Mariner Books. [한글 번역본: 생각의 탄생(박종성 옮김). 에코의서재]

− Root−Berstein, R., & Root−Berstein, M. (2004). Artistic scientists and scientific artists: The link between polymathy and creativity. In R. J. Sternberg, E. L. Grigorenko, & J. L. Singer (Eds.), *Creativity: From potential to realization* (pp. 127−151). Washington, DC: American Psychological Association.

− Root−Bernstein, R., Allen, L., Beach, L., Bhadula, R., et al. (2008). Arts Foster Scientific Success: Avocations of Nobel, National Academy, Royal Society, and Sigma Xi Members. *Journal of Psychology of Science and Technology, 1*(2), 51−63.

[창의적 문제해결능력]

− Isaksen, S. G., Dorval, K. B., & Treffinger, D. J. (2011). *Creative approaches to problem solving* (3rd ed.). Thousand Oaks, CA: Sage.

− Treffinger, D. J., Isaksen, S. G., & Dorval, K. B. (2003). *Creative problem solving (CPS Version 6.1 TM): A contemporary frame work for managing change.* Available from Center for Creative Learning, Inc. www.creativelearning.com.

- Treffinger, D. J., Isaksen, S. G., & Stead−Dorval, K. B. (2006). *Creative problem solving: An introduction* (4th ed.). Waco, TX: Prufrock Press.

[창의성의 수준: 작은 창의성]
- Runco, M. A. (2004). Everyone has creative potential. In R. J. Sternberg, E. L. Grigorenko, & J. L. Singer (Eds.), *Creativity: From potential to realization* (pp. 21−30). Washington, DC: American Psychological Association.

[창의성 수준에 대한 구분]
- Kaufman, J. C. (2009). *Creativity 101*. New York: Springer Publishing Company.

[집단 창의성]
- 김윤경(2021). **모둠활동 상황이 동조수준과 창의적 자기효능감에 따라 집단의 창의적 과제 수행에 미치는 영향**. 박사학위논문. 서울대학교 대학원.

[교실에서의 창의성: 창의적 메타인지]
- Kaufman, J. C., & Beghetto, R. A. (2013). In praise of Clark Kent: Creative metacognition and the importance of teaching kids when (not) to be creative. *Roeper Review, 35*, 155−165.
- Kaufman, J. C., Beghetto, R. A., & Watson, C. (2016). Creative metacognition and self−ratings of creative performance: A 4−C perspective. *Learning and Individual Differences, 51*, 394−399.

II. 창의성 측정과 진단 이야기

[토렌스의 창의성과 창의성진단검사]

- Torrance, E. P. (1966). *Torrance tests of creative thinking: Norms－technical manual (Research ed.)* Princeton, NJ: Personnel Press.
- Torrance, E. P. (1974). *Norms－technical manual: Torrance Tests of Creative Thinking.* Lexington, MA: Ginn.
- Torrance, E. P. (1995). *Why fly?: A philosophy of creativity.* Norwood, NJ: Ablex.

[글로벌재능진단검사: 창의성]

- 이선영, 김명섭, 김윤경, 김은선, 민지연, 백아롱, 부은주, 조은별 (2018). 글로벌재능진단검사(i＋3C). 서울: 서울대학교 교육학과 학습창의센터.

III. 창의성 계발 이야기

[앨버트 아인슈타인]

- Le, V. (2019, March 15). How do you raise a genius? Researchers say they've found the secret to successful parenting. CNBC. https://www.cnbc.com/2019/03/15/how－this－formula－that－helped－albert－einsteins－parents－raise－a－genius.html
- Smith, J. (2019, October 15). *Why We Should All Strive To Be More Like Albert Einstein's Mother.* The Odyssey Online. https://www.theodysseyonline.com/strive－albert－einsteins－

mother
- 안선모(2018). 특별한 상상가 아인슈타인. 서울: 다락원.

[스티븐 스필버그]
- Ostrow, K. (2002). *The Extra—Terrestrial Movie Storybook (E.T. the Extra Terrestrial)*. Simon Spotlight.
- Steven Spielberg's Mom, With Whom He Had a Close Relationship, Dies at 97 (2017). People. https://www.yahoo.com/entertain ment/steven—spielberg—mom—leah—adler—025619669.html? guccounter=1&guce_referrer=aHR0cHM6Ly93d3cuZ29vZ2xlL mNvbS8&guce_referrer_sig=AQAAAMKmKTRn3RqFsWKd28d HGrWq6RgAUNy5VZFUOprO4G1hMAIRLbcSP6Iajy0SOkvI5OC Kxzeq5lUMcRvBM3DqCmEMRM_8tGifvh_cvmHehM68HkG5br kKYhxYwuIi9tOreHsRocwhHfg_yWhd5wuwCCrQW6gbES7cZg uBA_IgKXUG

[토마스 에디슨]
- B. E. (2014, April 2). *Thomas Edison*. Biography. https://www. biography.com/inventor/thomas—edison

[일론 머스크]
- Kettler, S. (2020, November 17). *10 Things You May Not Know About Elon Musk's Mom, Maye Musk*. Biography. https://www. biography.com/news/elon—musk—mom—maye—musk—facts
- Kosoff, M. (2020, February 14). *To Understand Elon Musk, You Must First Get to Know His Mother*. InsideHook. https://www.i nsidehook.com/article/tech/elon—musk—childhood—revealed— maye—muskmemoir?_gl=1*5wy3va*_ga*M0swTDl3QjVkVDc0Skt

FOWJpSU81U3VHSngwWW9ZM1pIZkdqeGRvTXMwX1hleFVVaFlR
Wl92ZXl3cmxuZzzBKSQ

[가수 이적]
— 강미숙(2013년 12월 13일). 이적 엄마 박혜란이 말하는 "아이 키우는
비결". 헬스조선. https://health.chosun.com/site/data/html_dir/201
3/12/12/2013121202597.htm
— 김명희(2013년 7월 16일). 할머니 된, 가수 이적 엄마 박혜란이 모든
엄마들에게. 여성동아. https://woman.donga.com/3/all/12/145889/1
— 박혜란(2013). 다시 아이를 키운다면. 서울: 나무를심는사람들.

[교사와 창의적인 학생]
— 이빈, 이선영(2020). 교사의 해석 수준이 경험에 대한 개방성에 따라
학생의 창의적 산출물 평가에 미치는 영향. **창의력교육연구, 20**(1),
41-56.
— 이선영, 김성연, 민지연, 이빈, 박준수, 박혜성, & 최승언(2017).
네트워크분석을 통해서 탐색한 교사추천서에 나타난 교사의 영재성
에 대한 인식. **아시아교육연구, 18**(4), 629-660.
— Runco, M. A. (2007). *Creativity Theories and Themes: Research,
Development, and Practice.* Burlington, MA: Elsevier.

[또래 친구와 창의적인 학생]
— 김명섭, 백근찬, 이선영(2019). 영재인 친구, 창의적인 친구, 공부 잘하
는 친구에 대한 또래의 인식 탐색. **영재교육연구, 29**(2), 107-122.

[멘토의 유형]
— Keinänen, M., & Gardner, H. (2004). Vertical and horizontal

mentoring for creativity. In R. J. Sternberg, E. L. Grigorenko, & J. L. Singer (Eds.), *Creativity: From potential to realization* (pp. 169－193). Washington, DC: American Psychological Association.

IV. 창의적 환경 이야기

[창의적 환경]
- 최지은, 김찬종(2005). 창의적인 물리적 환경 유형의 탐색: 자연사 박물관을 중심으로. **교육심리연구, 19**(3), 719－743.
- 황지영, 이선영(2021). 교실에서의 자리 배치와 자리 위치 선호도, 창의적 사고 간의 관계 탐색. **창의력교육연구**, **21**(1), 77－92.
- Ceylan, C., Dul, J., & Aytac, S. (2008). Can the office environment stimulate a manager's creativity? *Human Factors and Ergonomics in Manufacturing & Service Industries, 18*(6), 589－602.
- Dul, J., Ceylan, C., & Jaspers, F. (2011). Knowledge workers' creativity and the role of the physical work environment. *Human Resource Management, 50*(6), 715－734.
- McCoy, J. M., & Evans, G. W. (2002). The potential role of the physical environment in fostering creativity. *Creativity Research Journal, 14*(3－4), 409－426.
- Meyers－Levy, J., & Zhu, R. (2007). The influence of ceiling height: The effect of priming on the type of processing that people use. *Journal of Consumer Research, 34*(2), 174－186.
- Meyers－Levy, J., & Zhu, R. (2008). Perhaps the store made

you purchase it: Toward an understanding of structural aspects of indoor shopping environments. In M. Wedel & P. R. (Eds.), *In visual marketing: From attention to action* (pp. 193-224). Mahwah, NJ: Erlbaum.

— Shalley, C. E., & Oldham, G. R. (1997). Competition and creative performance: Effects of competitor presence and visibility. *Creativity Research Journal, 10*(4), 337-345.

— Stokols, D., Clitheroe, C., & Zmuidzinas, M. (2002). Qualities of work environments that promote perceived support for creativity. *Creativity Research Journal, 14*(2), 137-147.

[창의성에 대한 암묵지]

— Lim, W., & Plucker, J. A. (2001). Creativity through a lens of social responsibility: Implicit theories of creativity with Korean samples. *Journal of Creative Behavior, 35*(2), 115-130.

[사회문화적 관점에서의 창의성]

— 이선영, 김정아(2017). 창의적 사고와 아이디어 생성에 영향을 미치는 사회문화요인들에 대한 탐색. **교육심리연구, 31**(4), 767-794.

V. 창의성 교육 이야기

[창의성 증진 전략과 기술]

— Starko, A. J. (2013). *Creativity in the classroom: Schools of curious delight* (5th ed.). Mahwah, NJ: Lawrence Erlbaum.

[창의성 발달 모형]

— Subotnik, R. F., & Jarvin, L. (2005). Beyond expertise: Conceptions of giftedness as great performance. In R. J. Sternberg & J. E. Davidson (Eds.), *Conceptions of giftedness* (2nd ed., pp. 343−357). New York: Cambridge University Press.

[창의성과 내향성]

— Lee, S.−Y., Min, J., & Kim, J. (2020). Personality: Introversion. In M. Runco & Pritzker, S. (Eds.), *Encyclopedia of creativity: Vol. 2.* (3rd ed., pp. 332−337). Elsevier.

VI. 이선영 교수의 "창의리더십을 통한 재능공유연구랩(Talent Dissemination through Creative Leadership: TDCL)" 에 대해서 궁금하신 분들은 아래 사이트를 방문해보세요.

https://www.notion.so/snutdcl/Welcome−to−TDCL−LAB−f36d9953ad734655b5d5cc6669f3f727

창의성 바로미터: 머릿속에 쏙쏙 들어오는 창의성 해설을 통한 창의성 완전 정복

초판발행   2022년 3월 4일

지은이   이선영
펴낸이   노 현

편 집   배근하
기획/마케팅   조정빈
표지디자인   이학영
제 작   고철민 · 조영환

펴낸곳   ㈜ 피와이메이트
                 서울특별시 금천구 가산디지털2로 53 한라시그마밸리 210호(가산동)
                 등록 2014. 2. 12. 제2018-000080호

전 화   02)733-6771
f a x   02)736-4818
e-mail   pys@pybook.co.kr
homepage   www.pybook.co.kr
ISBN   979-11-6519-246-4   03370

* 파본은 구입하신 곳에서 교환해 드립니다. 본서의 무단복제행위를 금합니다.
* 저자와 협의하여 인지첩부를 생략합니다.

정 가   17,000원